教案的革命 2.0

普通高中大单元学历案设计

主 编 卢 明　　主 审 崔允漷

华东师范大学出版社
上海

图书在版编目(CIP)数据

教案的革命 2.0:普通高中大单元学历案设计/卢明主编. —上海:华东师范大学出版社,2021
 ISBN 978 - 7 - 5760 - 1766 - 3

Ⅰ.①教… Ⅱ.①卢… Ⅲ.①课程-教案(教育)-高中 Ⅳ.①G633

中国版本图书馆 CIP 数据核字(2021)第 097635 号

教案的革命 2.0
普通高中大单元学历案设计

主　　编	卢　明
主　　审	崔允漷
责任编辑	彭呈军　吴　伟
特约审读	陈雅慧
责任校对	刘凯旃　时东明
装帧设计	经惠宁

出版发行	华东师范大学出版社
社　　址	上海市中山北路 3663 号　邮编 200062
网　　址	www.ecnupress.com.cn
电　　话	021 - 60821666　行政传真 021 - 62572105
客服电话	021 - 62865537　门市(邮购)电话 021 - 62869887
地　　址	上海市中山北路 3663 号华东师范大学校内先锋路口
网　　店	http://hdsdcbs.tmall.com
印 刷 者	上海展强印刷有限公司
开　　本	787 毫米×1092 毫米　1/16
印　　张	15
字　　数	241 千字
版　　次	2021 年 5 月第 1 版
印　　次	2025 年 10 月第 8 次
书　　号	ISBN 978 - 7 - 5760 - 1766 - 3
定　　价	52.00 元

出 版 人　王　焰

(如发现本版图书有印订质量问题,请寄回本社客服中心调换或电话 021 - 62865537 联系)

浙江省规划课题

"指向学科核心素养的单元学历案前瞻性研究"成果之一

浙江省重点教研课题

"普通高中指向学科核心素养的单元学历案课例研究"成果之一

中宣部文化名家暨"四个一批"人才工程项目

"基于核心素养的中国学校课程发展模式建构"研究成果之一

大单元学历案研究项目组

组长

卢　明

副组长

蒋雅云

主要成员（排名不分先后）

沈微微	沈新权	戴敏燕	孟　翀	李晓峰	马伊雯	冯黎敏	张美勤
杨　青	朱国明	严利光	马　明	潘路希	奚素文	薛　慧	卢　娟
康连华	吴　俊	张秋红	高春妹	刘兰芬	朱瑜冬	王素芹	吴旻玲
吴献超	许群燕	王　璐	沈晓飞	姜丽芳	王英姿	姚丽芳	周赛君
冯　霄	郭　春	高　军	郁晓丽	马　皓	俞秋燕	刘丽华	王晓丽
陈思宇	韩倩文	洪丹丹	王静慧	张　强	王瑾伟	王金传	殷　乐
王晶金	朱冰洁	管　鸣	石再一	余文伟	盖文斌	赵宇慧	程细柳
陈作允	钱娟娟	王流生	郝雅玲	李魏琦	陈国平	高月月	周　涌
黄孝吉	马　忠	韩明洲	王滋旻	张曙光	朱国雁	廖立平	庄　重
顾晓斌	吴银峰	刘　程	巴秋爽	王嘉远	沈梦佳	钱冬明	熊鑫焱
俞俊莲	翁云雷						

合作研究者（排名不分先后）

崔允漷	雷　浩	周文叶	王少非	朱伟强	毛玮洁	王丹艺	文　艺
郭洪瑞	黄逸恒	陆卓涛	雷志娟	张紫红	郭海平	温　雪	李　静
廖伟业|						

目录

深度学习与大单元教学——代推荐序 / 崔允漷 / 001

前言 / 卢 明 / 001

第一部分 大单元学历案导读

01 教案的革命：从 1.0 到 2.0 / 003
02 单元组织方式与单元学历案的设计模型 / 010
03 单元学历案设计的关键技术 / 019
04 单元学历案的使用 / 035

第二部分 单元学历案的学科示例

01 《红楼梦》整本书阅读 / 孟翀等 / 041
02 函数的概念与性质 / 李晓峰等 / 065
03 读后续写技能——细节描写 / 马伊雯等 / 111
04 我国的经济制度与经济体制 / 冯黎敏等 / 146
05 民族交融与统一多民族封建国家的发展(220—960 年)
　　/ 张美勤等 / 154
06 产业区位选择 / 杨青等 / 164
07 机械运动与物理模型 / 朱国明等 / 175

08 食品中的有机化合物 / 严利光等 / 184

09 细胞的分子组成 / 马明等 / 193

10 算法与程序设计 / 沈梦佳等 / 204

后记 / 卢 明 / 213

深度学习与大单元教学
——代推荐序

崔允漷

"深度学习"一词最初出现于人工智能领域,作为一种算法思维,多指计算机通过对人脑认知过程的模拟,以实现对于复杂任务的计算及优化。教育学视域中的深度学习概念于20世纪70年代提出,始于瑞典学者马顿(Marton)对深度学习与表层学习两者区别的论述。[1]近年来,在我国基础教育课程改革不断深化的背景下,深度学习的意蕴愈加丰富,已成为教育改革中的热词,并被视为培育学生核心素养的重要实践路径。在倡导学生深度学习的背景下,借由深度教学实现学生的深度学习成为教学改革的又一实践转向,教师教学理应走向深度教学,以为学生深度学习搭建相匹配的"支架"。如何在课程视域中把握深度教学的实践路径?这就有必要对教学的逻辑进行梳理和剖析,以寻找深度教学所需坚持的内在逻辑。

一、原子论教学与经验论教学的"反深度"倾向

1. 原子论教学与经验论教学的隐喻与内涵

如果您是一位教师,需要把"狗"教给学生,您会怎样教? 一般说来,最常见的有两种教法。

A教法:按照教科书的逻辑,将一只完整的狗"分解"成狗头、狗身、狗腿与狗尾巴,然后按四个部分有序地教,学生跟着一课一课有序地学。教完之后,教师可以按双向细目表相应地考查学生,如狗头考"识记"水平,狗腿对应测试"理解"水平,狗尾巴可能要测"简单应用"水平。学生考得出来,就

证明其掌握了,学生得分高,证明教师教得好。

B教法:不一定依赖特定的教科书,也不一定有那么严密的教学程序。教师可能会带一只狗进课堂,让学生看看狗,胆子大一点的,会摸摸狗;也可能采用另一种思路,写写或画画狗;或者可能给学生纸、布或木头等材料,让他们制作一只狗,画得好或做得好就证明学生学得好。学生在做中学,在行动中学,相信学生做的次数多了,自然也就学会了。

以"狗的教学"为隐喻其实由来已久,早在100年前,杜威的学生、著名教育学家、"设计教学法"创始人克伯屈(W. H. Kilpatrick)在其《教学方法原理:教育漫谈》第十八章"心理与逻辑"中就专门讨论过如何教"狗"的故事。在谈到儿童是如何形成对狗的认识时,他认为那种"儿童首先认识狗的爪子,然后是腿、躯体,再是尾巴、狗头,最后才是形成对整个狗的认识"的教法"真是荒唐透顶"![2]他信奉杜威的心理学,主张学习的公式应该是:$E_1 R_1 E_2 R_2 \cdots\cdots E_{10} R_{10} E_{11} R_{11} \cdots\cdots E_{50} R_{50} \cdots\cdots E_n R_n$,其中,E是经验,R是结果。[3]用现在的话来解释,那就是儿童是从做中学或从经验中学的,做一次学一次,做多了就学会了。如果套用上述"狗的教学"的隐喻的话,克伯屈批判的是A教法,比较推崇的是B教法。克伯屈百年前的讨论,迄今仍不乏现实意义。为了在学理上把这些做法说清楚,以便理解与传播,也便于提高认识与站位,上述两种教法可以抽象为原子论教学和经验论教学。

所谓原子论教学,一般倾向于将一个完整的学科体系或某个主题分解成一系列概念、公式与原理,然后按学科形成的概念逻辑开展系统的累积式教学。教材编写者基于学科的系统性逐步分解内容,并将分解出来的概念体系按一个个章节、一个个孤立的主题或概念编成教科书。教师一般会按教科书的内容呈现体系按部就班地教,学生亦步亦趋地跟着学,最终学到的可能就是一堆人为的抽象且孤立的概念、公式或原理。犹如上述A教法,学生学到的是碎片化的狗头、狗身、狗腿与狗尾巴,而不是一只完整的、有意义的狗。学生日日学、月月学、年年学,但很难知其所以然;教师刻刻教、时时教、周周教,却始终感觉教不完。因此,师生难以体会到学校课程的价值与乐趣,用"整天忙得要死,最后碌碌无为"来描述师生的真实生活,一点也不为过。

所谓经验论教学,在某种程度上与原子论教学是相对的。它不太注重知识学习的系统性,比较倾向于直接经验的作用,即通常说的做事或行动。持此论者对关于为什么做事、做什么事、怎样做事都有比较深入的思考,也形成了比较完整的思想体系。如克伯屈的"设计教学法"就强调了教学所要关注的四方面内容:(1)必须是一个有待解决的实际问题;(2)必须是有目的、有意义的单元活动;(3)必须由学生负责计划和实行;(4)包括一种有始有终、可以增长经验的活动,使学生通过设计获得主要的发展和良好的生长。[4]可见,在经验论教学看来,不是什么事都做,而是要做"有目的、有意义"的事,使学生有发展有生长的事;不是瞎做事、乱做事,而是围绕一个个"单元活动"展开;不是"教即讲、学即听",而是充分发挥学生主体性,必须由学生负责计划和实行……然而,从知与行的关系来看,经验论者没有处理好二者的关系,倾向于重行轻知,从而在一定程度上忽视了系统知识的学习。

2. 原子论教学与经验论教学无助于深度学习

不难看出,在知与行的关系处理上,原子论教学与经验论教学是各执一端的,前者强调学科逻辑,后者偏重心理逻辑,这也造成了美国课程改革历史中的"钟摆"现象。然而,这两者均无助于学生的深度学习。

原子论最早可追溯到古希腊哲学家德谟克利特(Democritus)的一些观点,在他看来,原子是世界的本源,是不可再分的微小粒子。16 世纪,意大利科学家伽利略(G. Galilei)提出并运用了还原分析的实验方法,这种方法强调的是人们可以在认识事物的过程中将其拆解开来,以深入了解和剖析其中的每一个要素。认知方法的革新推进了科学革命的发展,自然科学由此不断分化,进而催生了学校教育中学科的不断成熟和发展。在原子论看来,现实可以还原成微小的逻辑成分或原子,解构与还原分析是其认识事物的方式。原子论教学的发展与学科的成熟密不可分,学科逻辑是其本身所依循的重要逻辑,但其所持的分析取向往往侧重孤立的概念学习,易导致知识碎片化、无结构,从而使学生停留于符号意义上对相关知识的认知,陷入学习的浅表化囹圄。深度学习本身并不是强调教学内容的深度与难度,认为教学内容越难越好,越深越好;而是强调学生完整的学习经历,特别是真实情境的介入,学生的体验与反思,等等。深度学习超越了符号意义上的知识内容分析,强调学生对于学习内容的深度理解,而原子论教学停留于认识论立场的知识观上,偏执于教学内容的解构、还原与分析。

经验论教学强调学生的经验作用与心理逻辑，偏重从做中学，这本身无可厚非。作为学校学习，我们不排除有些学习，特别是道德、社会心理、合作与协作等方面的学习更倾向于经验论教学，但总的说来，学校学习的主要内容应该是代表人类社会长期积累下来的智慧结晶——人类文明的精华并以学科方式传承下来的知识，而不是轻视甚至忽视知识的做事或行动。否则，学校就会失去作为专门化与专业化学习机构的意义，就会类似于家庭学习与社会学习。家庭或社会学习主要依赖于不断地行动或做事，以实现经验的积累与重组，但此类经验是有限的、非学术的。因此，持综合取向的经验论教学侧重于从做中学，也就在一定程度上容易忽视系统的知识基础，这同样无助于深度学习。

综上，原子论教学与经验论教学各有侧重，如果从知与行的关系视角看，前者重知，后者重行，各有偏重；如果从部分与整体的认识关系来看，前者重视部分，后者重视整体，各执一端。二者均难以达成深度学习的目的，前者易停留于对知识的符号化解读，将教学拉向个别知识点的"深挖洞"上；后者可能会局限于学生经验的浅表累积和重组，易导致"一里宽一寸深"的浅层次学习。

二、指向深度学习的整合论教学

深度教学应该秉承何种教学逻辑？我们需要站在知行合一的立场来审视原子论与经验论的思维局限，超越内容层面原子论与经验论的对立，寻求一种在目的或目标层面能够处理好知行关系的整合论教学。同样是上述关于"将狗教给学生"的场景，整合论教学可以隐喻为 C 教法：兼顾上述 A、B 两种教法，将它们有机地整合在一起。例如：先用实物或语言辅助，让学生认识一只完整的狗；然后将狗按某种逻辑进行"分解"，一个部分一个部分地教、深入地教；教完之后，将所学的各个部分"组装"起来，"再次"成为一个整体，使得学生的学习从具体到抽象，再从抽象到具体；后续的考试评价要让学生回到"一只完整的狗"的层面来展开，而不是像 A 教法那样注重考记背的知识，也不是像 B 教法那样过于强调外显的表现。

1. 整合论教学为核心素养目标的实现提供可行路径

整合论教学为实现 21 世纪的核心素养目标提供了可行的路径。核心素养关注学生的关键能力、必备品格与价值观念,超越了纯粹的、孤立的知识与技能,即所谓的"双基",也超越了忽视或轻视知识的经验,强调面向未来不确定情境中的真实问题解决能力。关键能力意味着能做成事,必备品格意味着愿意并习惯把事做正确,价值观念意味着坚持做正确的事。显然,无论是原子论教学还是经验论教学,它们都无法独自满足素养时代的目标要求,唯有整合论教学才是一种恰当的选择。

我们再继续分析上述C教法。首先,我们把需要学生学习的"狗"当作一个整体,作为一个最小的学习单位。其次,我们基于目的或目标的立场,开展课程教学设计,这个过程有可能离不开分解的方法,因为不分解学习就无法深入,不分解就无涉知识,就会停留在经验层面。再次,经过分解学习之后,将所学的东西结构化,还原到作为一个整体的"狗",只有这样才能超越知识与技能的学习,才能理解"狗"的意义与价值。简单地说,这一过程中,"狗",而不是狗的一个部分,是一个完整的学习单位,学生经历了"整体—部分—再整体"或者"具体—抽象—再具体"的学习过程,才能实现一种有意义的深度学习,才能实现核心素养的目标。

2. 整合应成为深度教学坚持的逻辑

虽然原子论教学依托的是学科逻辑,但这并不意味着深度教学要站在学科逻辑的对立面,而是应基于整合论的逻辑,避免在原子论思维下将教学拉向一个个知识点的"深挖洞"上去。整合论教学并不反对学科知识的系统逻辑,但强调既要知,也要行,知行要合一,行是知的源泉或起点,知是行的需要或基础;行是知之始,又是知之终,知是为了更高级的行。整合论教学不仅整合知与行的对立关系,而且也主张在内容层面整合学科内的知识,比如通过主题来整合不同学科的知识,这甚至可以产生新的学科;整合论教学还涉及在育人目标的统领下整合知识与经验、生活与学科的关系。

而深度学习本身强调的便是学生学习经历的完整性,是一种统摄知与行,并强调学生生活经验、批判反思和迁移应用的学习;是一种注重学生情感等非认知因素参与其中的学习;是一种关照学科内与学科间知识相整合的学习;更是一种凸显育人目标价值引领的学习。不难看出,以学生核心素养的培育为联结点,整合论教学与深度学习之间呈现出逻辑上的匹配性,整合作为一种"无形之手"成为深度教学背后所应坚持的逻辑,不坚持"整合"的逻辑,便不可能有真正的深度学习。

三、整合论教学的实践取径：大单元教学

由上可知，整合论的教学逻辑与核心素养的培育及深度学习是相匹配的，其有利于消弭原子论思维与经验论思维的二元之争，实现从一端到中道。由于核心素养本身所具备的整体性、具身性、情境性等特征以及深度学习的多向度诉求，整合论教学中的"整合"也体现为上述提及的多维度整合。如何将整合论的教学逻辑落地于实践？大单元教学则是一种重要的实践取径。

1. 单元教学的不同思路

倡导大单元教学，首先必须明晰课程视域中单元的含义，了解单元教学的不同思路。单元教学由来已久，100多年前就已经有人倡导并做过一些探索，之后也一直在断断续续、不温不火地发展，但迄今也没有特别有影响力的理论或模式。究其原因，可能是我们对单元的理解不一，即大家好像都在讨论单元，但其实说的不是一回事。例如："单元"最初是作为课程学习的一个单位，即与教科书学习相对的活动课程的单位，上述克伯屈所言的单元就是这个意思。后来，"单元"发展成为以主题组织学习的单位，相当于综合学习的一个单位，20 世纪 40—50 年代一度在美国比较盛行。再后来，由于学科结构化倡导的系统且严谨的学习没有达到预期效果，于是"单元"的观念又卷土重来，且在学科课程与活动课程两个领域都有新的发展。归纳起来，单元教学有以下三类思路。

第一类为技术取向的思路。这类思路所依据的理论主要是泰勒的目标模式，包含的共同要素为目标、教学、评价，最典型的例子是国内普遍采用的教材单元设计。而威金斯和麦克泰（Wiggins 和 Mctighe）所提出的"逆向计划"（Backwards）模型也属于此种思路。"逆向计划"的单元设计步骤分别为：确定期望的结果（Desired Results）、决定可接受的结果证据（评价方法）（Acceptable Evidence of Results）、计划学习经验和教学（Learning Experiences and Instruction）。据此来进行单元设计，将评价任务与评价方法前置，可以使得期望结果、关键成就、教与学的体验三者具有一致性，从而使学生获得更好的表现。[5] 技术取向的思路往往以目标为导向，通过对具有内在联结的内容进行分析和重组，以达到优化教学效果的目的。

第二类为建构主义思路。建构主义者将"单元"视为学习建构的一个单位,并在此基础上形成了多种关于单元的设计模式。这些模式大多包括主题、探究、表达三个要素,如科学探究式的主题单元设计,[6]以及基于问题的学习单元设计。其中,后者还有很多变式,如在社会情境中积极思考(Thinking Actively in a Social Context,简称 TASC),[7]在积极的问题解决中真实参与(Real Engagement in Active Problem Solving,简称 REAPS),[8]多维课程模型(The Multidimensional Curriculum Model,简称 MdCM),等等。[9]建构主义思路更为关照学生的生活经验和反思体验,多强调真实情境的介入以及具体问题的统领。

第三类则是将两者整合的思路,如整合课程模型(Integrated Curriculum Model,简称 ICM)。整合课程模型于1986年被首先提出,其目的是为了整合不同的课程模型,把所有重要的特征进行打包设计。ICM强调对学科体系的正确理解,但其理论基础则更多地参考建构主义的理论,如维果茨基的最近发展区理论(提供有挑战性的任务)和互动论(在互动中提供必要的支架),以及多元文化理论等。ICM模型包含三个内在相互关联的维度:第一,强调构成不同学科的高级内容知识;第二,提供高阶思维和加工;第三,围绕主要话题、主题及观点组织有关的学习活动,这些主题和观点要符合对某个学科的理解,并能提供学科之间的联系。[10]

上述单元教学的三种思路各有侧重,技术取向思路偏重教学内容的设计,建构主义思路偏重于学习经历的设计,整合思路偏重于高阶思维的训练和养成。但不同的思路均同时关照到学科知识与学生经验。

2. 大单元教学的操作路径

在《学科核心素养呼唤大单元教学设计》一文中,我已比较充分地论证了大单元教学对于学科核心素养培育的必要性。[11]核心素养的培育超越了单纯的知识点的识记和技能的训练,强调知识学习从理解到应用,进而有助于养成学生于真实情境中解决问题的能力,这同样需要坚持整合论的教学逻辑。大单元之"大"意在区分一般的单元设计,凸显素养目标的引领以及统摄中心的作用。相对于之前所说的"单元",以"大观念、大任务、大项目和大问题"等为统摄中心的大单元教学更符合整合论的逻辑,因而更有助于学生深度学习。在具体实践过程中,大单元教学特别强调如下要素。

第一,确定大单元教学的统摄中心。基于不同的素养目标、课程内容与设计思路,大单元教学应确定恰当的统摄中心,这些统摄中心包括大观念、大任务、大项目和大问题等。一般来看,大观念具有高度的概括性,集中反映了不同学科的逻辑及特性,利于实现对于学科知识的深度理解;大任务基于真实情境,往往以由中心任务统摄子任务串的形式展开;大项目强调以项目化学习的方式开展,以学生的探究学习为驱动,形成围绕项目的学习进阶通道;大问题以真实情境中的复杂问题为基点,引导学生因循提出问题、分析问题和解决问题的路径开展研究性学习。

第二,明确大单元教学的要素。教师确定一个大单元时,应整体考虑课程标准及对应的学科核心素养中的相关要求,基于学生立场将大单元建构转化为一个完整的学习故事。涉及的相关要素包括单元名称与课时、单元目标、评价任务、学习过程、作业与检测、学后反思六个要素。

第三,大单元教学必须介入真实的情境。指向核心素养的深度学习应当是基于真实情境的学习。此处的"真实"有三层意思:其一,把真实情境与任务背后的"真实世界"直接当作课程的组成部分,以实现课程与生活的关联;其二,只有学以致用、知行合一的学习才是真实的学习,中小学生对于知识的意义的感受与理解往往是通过在真实情境中的应用来实现的;其三,评估学生是否习得核心素养的最好做法就是让学生"做事",而"做事"必须要有真实的情境。[12]

参考文献

[1] Marton F S R. On Qualitative Difference in Learning: Outcome and Process [J]. British Journal of Educational Psychology, 1976, 46: 4-17.

[2][3][4][美]克伯屈. 教学方法原理——教育漫谈[M]. 王建新,译. 北京:人民教育出版社,1991: 259、260、15.

[5] Wiggins, G. &Mctighe, J. Understanding by Design [M]. Pearson Education, Inc, 2006: 13-15.

[6] McMullen B, Fletcher P. An Inquiry-Based Cross-Curriculum Approach [M]// Educating for Sustainability in Primary Schools. Brill Sense, 2015: 267-302.

[7] Wallace B. Using the TASC thinking and problem-solving framework to create a curriculum of opportunity across the full spectrum of human abilities: TASC-thinking actively in a social context [M]//Applied practice for educators of gifted and able learners. Brill Sense, 2015: 111-130.

[8] Maker J, Zimmerman R, Alhusaini A, et al. Real Engagement in Active Problem Solving (REAPS): An evidence-based model that meets content,

process, product, and learning environment principles recommended for gifted students [J]. The New Zealand Journal of Gifted Education, 2015,19(1).
[9] Vidergor H E. The Multidimensional Curriculum Model (MdCM) [J]. Gifted and Talented International, 2010,25(2): 153–165.
[10] VanTassel-Baska J, Wood S. The integrated curriculum model (ICM) [J]. Learning and individual differences, 2010,20(4): 345–357.
[11] [12] 崔允漷. 学科核心素养呼唤大单元教学设计[J]. 上海教育科研, 2019(4): 1.

前言

　　教案,是教师的教学设计,是教师教学的行动方案。它诞生于17世纪,已经伴随教师近400年了。今天,课程改革已经进入了核心素养时代,能否找到新的视角重新审视、发现、定义、改进教案,是摆在我们面前的一大课题。

　　人类拥有独特的、可思考的大脑。作为教师的你可曾想过,你每天写的教案应该是什么?可以说,教案就是你给学生开的学习"处方"!学习"处方"是什么?与医生的处方一样,教案是作为专业人员设计的专业方案,它不需要告诉别人我要怎么教,而是要说清楚学生应该怎么学。与其每天想如何教学生学习,还不如研究学生是怎样学会的。曾经有一部专著《教案的革命:基于课程标准的学历案》(华东师范大学出版社2016年出版),它回答了教案应该怎样设计才能变得更专业,才能更好地促进学生学习,在我们面前展开了一幅教学方案变革的新画卷——学历案。学历案摒弃了教师立场、内容立场,选择了学生立场,坚持以学习者为中心的教案设计理念。[①] 它是教学方案专业化的典范。如今在国内,从小学到高中正在掀起学历案研究的热潮,研究者们正积极探索学科核心素养背景下如何以学历案为抓手建构"新教学"。

　　2017年修订的普通高中课程标准,确立了学科核心素养为学科育人目标,这是对育人目标的认知升级,使教学的关注点从"知识"转向"素养"。何谓学科核心素养?它是指学生在知识学习和运用的过程中逐步形成的关键

[①] 卢明,崔允漷.教案的革命:基于课程标准的学历案[M].上海:华东师范大学出版社,2016:9.

能力、必备品格和价值观念。那么,让学科核心素养落地的专业路径在哪里?学科核心素养能教吗?学科核心素养怎么教?学科核心素养怎么检测?有专家提出了大单元设计的构想,有专家强调深度学习对核心素养形成的意义,大家都试图寻找核心素养落地的路径。然而,大单元设计为了什么?大单元设计是什么?大单元设计怎么做?大单元设计与学历案、与深度学习能否关联?它们真是培育核心素养的有效路径吗?一连串的问题摆在广大教育研究人员和一线教师的面前,这些难题该如何破解?

  对教育问题的思考是为了寻找理想的教育。出于教育人的职责与使命,带着追问与困惑,2018年春季我带领嘉兴一中的几位骨干来到华东师范大学课程与教学研究所寻求合作,并受到了热情的接待。更令人振奋的是,我们还得到了热心的帮助和耐心的指教。在崔允漷教授及其专家团队的指导下,我们申报的课题"指向学科核心素养的单元学历案前瞻性研究"和"普通高中指向学科核心素养的单元学历案课例研究"分别成功立项为2019年浙江省规划课题和浙江省重点教研课题。从此,我们踏上了大单元学历案设计的新探索之旅。

  之前,嘉兴一中的教师曾经有过以课时为单位的学历案(简称"课时学历案")教学实践经历,但是对以单元为单位的学历案(简称"单元学历案")设计还是一张白纸。在单元学历案研究的起步阶段,首先由华东师范大学专家对项目组成员开展一级培训。其中,崔允漷教授通过"指向学科核心素养的教学设计""素养本位的单元设计"等专题讲座,为我们厘清了教学专业的内涵、教学专业方案、基于学科核心素养的教学、大单元设计的理论、单元学历案的构成要素等学理问题;雷浩博士、周文叶副教授、朱伟强教授、王少非教授等专家分别就单元学历案设计的相关技术作了专门指导。其次,在学校层面成立专家指导小组,由本校在学历案研究方面有较深造诣的特级教师担任,负责解码高校专家的理论、设想与建议,对项目组成员开展二级培训,通过专题讲座、专题研讨、经验分享与点评、学历案修改、磨课和写作指导等形式,手把手地进行具体指导,做好"二传手"。在老师们基本掌握了单元学历案的相关理论和编写的核心技术之后,再分学科及时推进单元学历案的设计,并组织多轮讨论和修改,最后将修改定稿的单元学历案付诸课堂实践。

  在后续研究的每个阶段,每一次攻坚克难,我们都得到了崔允漷教授及其专家团队的专业指导,创造了许多突破性的成果。由于学科核心素养的教学实践还是一项新生事物,没有现成的经验可以借鉴,我们一边摸索,一边前行。在尝试编写单元学历案阶段,首先需要老师们想清楚的是如何区分知识、技能、能力和素养,它们的习得有何区别?它们与大单元设计有何关系?这些问题直接影响单元学历案的要素设计。在崔允漷教授的启发下,我们尝试用以下案例来加以说明:

案例:日常生活中,经常会遇到这样一些人,他们拥有驾照,却不会将车停到图1所示的三辆车之间的空位上。请分析原因,并思考如何改进驾校的教学方案,让考到驾照的学员能在图1情境中顺利地把车停好?

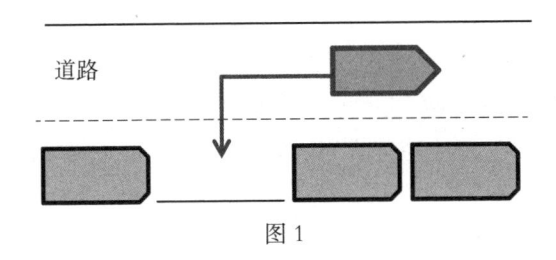

图1

有驾驶经历的人都清楚,在图1所示的情境里停车的本质就是"侧方停车"技能的实战应用。然而,许多新手却感悟不出其中的原理。下面来分析一下这个案例:知道"侧方停车"要做什么是知识;会进行"侧方停车"是技能;能够把车停入图1情境的车位是能力;能够把车停入图1情境的车位,且还能够考虑车子与前后两辆车子保持适当的距离以不影响对方安全驶离则是素养。有的人会在训练场地上进行"侧方停车",但不会将车子停入图1所示的车位;有的人虽然能将车停入图1所示的车位,但是他的车挡住了别人车的"去路"。可见,有知识不一定有技能,有技能不一定有能力,有能力不一定有素养。这里的"能力"就是新课标所言的"关键能力"(懂得在什么情境下选择什么知识去做事),而素养则是"关键能力"加上必备品格(愿意并习惯做正确的事)和价值观念(寻求或坚持把事做到正确)。素养光靠训练是不行的,需要反思和感悟才能形成。反观驾校教学,只有"倒车移库"的知识学习和技能训练,而没有真实情境下停车的课程学习和反思。这种缺乏真实情境的碎片化的知识教学,导致学员不知道为什么学,学后也不会用,进而不能将知识转换为情境化的认知,难以形成素养。

经过案例讨论,大家认为,如果驾校在"倒车移库"课程基础上再增加真实情境下的停车任务,使之形成一个整体(学习单元),让学员清楚为什么要学"倒车移库",学了可以做什么事,并以"单元"为学习单位对教学过程进行一体化设计,那么就能改变案例中"有知识没素养"的现象。老师们从"案例"中领悟了大单元设计对学科核心素养形成的意义,达成以下共识:大单元设计能够改变学科知识点的碎片化教学,实现教学设计与素养目标的有效对接;基于核心素养的教学需要围绕素养目标对知识进行整合,采用大单元设计,能够让学生经历真实情境下的知识应用和问题解决;从知识到能力可以通过训练,而从能力到素养必须经历反思与感悟。

过去的三年,是专家引领下攻坚克难的三年,是团队成员与单元学历案一起成长的三年。我们品尝到了做研究的酸甜苦辣,但我们的足迹已深深嵌入单元学历案的研究之中。或许,这也可以算是我们这群教育人所追寻并为之痴迷的一种诗意的栖居!如今,本项目的研究取得了阶段性成果,本书即为其中之一。

本书由两部分构成:

第一部分:大单元学历案导读。这部分内容旨在帮助读者了解"单元学历案"的来龙去脉以及背后的故事。在学科育人目标从知识转向学科核心素养的背景下,我们围绕教师、学生、方案、学习等课堂教学的关键要素,重新审视当下课堂教学中存在的突出问题和教师的教学困惑,借鉴现代学习理论成果,从区分知识、技能、能力、素养反映在学生行为上的表现差异入手进行分析与研究,针对基于核心素养培育的高中教学方案变革,指出目前学科教育中存在的突出问题:教学方案不专业,知识教学碎片化,学习过程浅表化,核心素养不落地。进而从学理上提出我们的主张,用我们的研究回应"核心素养可以教吗?""核心素养怎么教?""核心素养怎么评?"等诸多困扰一线教师的问题。依托华东师范大学崔允漷教授及其专家团队的理论支持,我们以学生立场、方案的专业化和大单元设计为理念,深入探讨了"大单元设计为什么?""大单元设计是什么?""大单元设计怎么做?"这三个核心问题,明确了大单元设计的概念、框架与核心要素,阐明了大单元设计对学科核心素养形成的意义,建构了大单元设计的实践模型。我们还从专业实践视角验证了为什么大单元设计与学历案有机整合可以作为教学方案专业化的一种合理选择，为学科教学实现从知识传授为主向素养培育为主转型提供了新的路径。

本书是《教案的革命：基于课程标准的学历案》的升级版。《教案的革命：基于课程标准的学历案》介绍的是"课时学历案"，本书聚焦的是"单元学历案"。从"课时学历案"到"单元学历案"，设计理念发生了变化，有关核心要素的内涵也随之有所变化。我们在比较两类学历案的共同点与不同点的基础上，借鉴了"课时学历案"设计的一些成功经验与技术，结合单元学历案的特点，将我们的探索经验在"导读"中进行介绍，包括组织单元的方法，单元学历案设计需要突破的技术难题，单元学历案如何使用等。这些内容可以帮助教师理解大单元设计和单元学历案，对如何开发与使用单元学历案具有十分重要的指导意义。

第二部分：大单元学历案的学科示例。这部分内容是我们实践的结晶，凝聚了研究团队的集体智慧，代表了我们研究的价值取向和知识创新。书中所选的案例来自不同的学科，所有案例都经反复实践和修改、精雕细琢、不断完善而成，具有代表性和可操作性，可作为学科示例给广大一线教师提供参考和借鉴。限于本书的篇幅，语文、数学、英语呈现的是整个单元的全部学历案，其它学科只呈现"单元概览""单元导学"和局部的"作业示例"，省略了分课时设计的学历案与整体的作业设计部分，但是应该不会影响对单元学历案的整体理解与把握。

值此本书正式出版之际，我要感谢我的研究团队全体成员为之付出的巨大努力，没有他们的各司其职与精诚合作，此项研究不可能高质量地完成！感谢蒋雅云老师既承担了本书部分片段的写作，还参与了本书部分文稿的讨论与修改，提出了许多建设性的意见，为本书的顺利成型增色添彩。感谢戴敏燕老师为本书出版积极工作，整理资料，撰写研究心得。感谢崔允漷教授、雷浩博士、周文叶副教授、朱伟强教授、王少非教授等专家的悉心指导，感谢华东师范大学博士生们对我们研究工作的支持与帮助。没有他们的专业指导和帮助，我们的研究难以沿着正确的方向前进，也无法顺利攻克一个又一个难关。感谢浙江省教育厅教研室任学宝主任、浙江省教科院王建敏副院长对本课题研究的关心和支持；感谢南京一中、浙江元济高级中学、郑州市回民中学等全国学历案联盟学校，成都市温江区教育科学研究培训中心，云南师范大学附属怒江州民族中学，新疆克拉玛依第六中学等同行对我们研究的关心和鼓励！感谢华东师范大学出版社彭呈军社长为本书出版提供的专业支持,使我们的成果能够与更多的同仁分享！

由于我们的学术水平和时间精力所限,书中定有错谬之处,恳请读者批评指正。

卢 明

2021年2月

第一部分　大单元学历案导读

"老师教了,但学生不会。"作为老师,您的归因是什么?您可曾怀疑是自己的教案出了问题?您是否检视过您的教案与医生的处方有何不同?医生的处方写的都是让患者去做什么,而您写的是什么?与其每天想如何教学生,还不如直接研究学生是怎样学会的,并在教学方案中明确告诉学生应该怎么学才能学会,而不是写教师自己要做什么。这是一个关于教学方案的定位问题,涉及老师写的文本给谁用的重要问题;其背后还涉及对教学专业的理解问题,如教学方案设计的逻辑起点是什么,是"怎么教"还是"何以学会"?经过八年研究,我的团队在理论和实践两个层面做了较为深入的探索,开启了教案的革命之路,希冀新的教学既能落实立德树人根本任务,培育学生核心素养,又能推进教学专业化,促进教师专业发展。

❶ 教案的革命:从1.0到2.0

2013年,浙江元济高级中学在国内率先开展学历案的实践研究。2016年6月,崔允漷教授在《中国教育报》发表题为"学历案:学生立场的教案变革"的论文,[①]该文将学与教的关系作为切入点,论述了传统教案变革的必要性,以及学历案作为一种新的教学设计的可行性。2016年11月,浙江元济高级中学将他们历时三年的研究成果编撰成书《教案的革命:基于课程标准的学历案》出版,这是中国第一部关于学历案的专著。学历案以崭新的设计理念和形式弥补了传统教案的弊端,突出以学习者为中心、以"学会"为逻辑起点的学习进阶设计,以及教—学—评一致性技术的应用。它让教师们

---

① 崔允漷.学历案:学生立场的教案变革[N].中国教育报,2016-6-9.

感受到了基于学生立场的教案变革的必要性,体会到了教学是一种专业的存在,目睹了真正专业的教学方案的真实样态。不过,那时的学历案还只是1.0版,它是以课时为设计单位的,一般1个课时设计1份学历案,是典型的"课时学历案"。

2017年修订的普通高中新课标将学科核心素养作为学科育人目标。学科核心素养是对知识与技能、过程与方法、情感态度价值观"三维目标"的整合与提升,是学科育人目标的认知升级。它的意义在于让学科教学与立德树人建立了实质性联系,明晰了学科育人的机制,指明了每个学科怎样育人的方向与路径,帮助教师把自己的育人故事讲得专业,能说清楚自己作为学科教师可以育人什么。那么,素养与知识有何关系呢?2015年,联合国教科文组织发布《反思教育:向全球共同利益的理念转变》一文,重新界定了知识的内涵:知识包括信息、理解、技能、价值观和态度。以往我们所认为的知识是纯粹的、是静态的,而这一对知识的重新定义,让我们感受到知识是综合的、动态的,它不仅指知识本身,还包括人们看待知识的观念,对知识采取什么样的态度,对知识能否理解,能否吸收,能否消化,能否应用以解决生活当中的具体问题?在"百度一下都知道"的信息化时代,碎片化、堆积状的知识不再是"力量"!惟有整合的、被活用的知识才是"力量"。知识越多,不等于能力越强、素养越好,因为核心素养强调学以致用,是反映在什么情境下运用什么知识去做事的能力。

学科核心素养目标包括价值观念、必备品格、关键能力,这些目标都指向真实情境中的深度学习。目标变了,学习方式必须随之而改变。我们需要重新思考知识应该怎么教?让学科核心素养落地的路径在哪里?诚然,"课时学历案"的问世是对传统教案的一次革命,但知识碎片化的问题依然没有解决,指向学科核心素养的教学知识必须是结构化的,所以需要寻找新的设计方案。2018年,嘉兴一中与华东师范大学课程与教学研究所合作,在崔允漷教授及其专家团队的指导下开启了"教案的革命2.0版"——指向学科核心素养的单元学历案的探索。单元学历案以"学习单元"为设计单位,借鉴了课时学历案的六个基本要素;但是,"六个要素"的内涵有所变化,设计的架构也有新的变化。比如,更加注重知识的统整和单元教学的一体化设计,更加注重用大任务、大观念、大问题、大主题、大项目来引领学习,更加注重真实情境的介入,更具有"邀请性"等。那么,单元学历案究竟有哪些变化呢?

一、学科核心素养决定教学设计从课时走向大单元

普通高中"新课标"将课程目标从"三维目标"升级为"学科核心素养",标志着学科教学终于找回了"失落已久的家"。[1] 新目标召唤新教学,新教学需要新设计。这就倒逼着一线教师从学科育人的专业使命出发,找到"回家"之路,让想得到的教育变成看得见的风景。

虽然"三维目标"包括知识与技能、过程与方法、情感态度价值观三个维度,但是在实际运用时,许多老师将其理解为"三类"或"三条"目标,而且,基于"三维目标"的教学设计的价值取向容易走入"知识分解"的误区,而缺乏对"知识整合"的关注,所以在实践中,它是以知识为主线,一个知识点一个知识点地教,知识点教完了,教学也就结束了。这样的教学设计,学生的学习依然是只见"树木",不见"森林",缺乏整体认知,不知道为什么学,学了有什么用,也不知道如何去应用。习得的知识就像撒落在地上的珍珠,彼此孤立,没有结构化,难以储存和迁移。不仅如此,这种碎片化的内容组织还造成了深度学习的缺位,影响核心素养的形成。学科核心素养不是知识点的堆砌,而是指"在什么情境下运用什么知识能做什么事(关键能力),愿意并习惯做正确的事(必备品格),寻求或坚持把事做到正确(价值观念)"。[2] 需要强调的是学科核心素养是通过学科学习而逐渐形成的,在学科核心素养的形成过程中,学科内容非常重要,没有学科内容,就不会有学科核心素养。不过,学科内容尤其是一直以来倍受重视的学科知识点只是素养形成的素材或载体,掌握知识不等于拥有素养,唯有通过对这些素材的学习或借助于这些载体,学生才能将知识内化成为相关的关键能力、必备品格和价值观念,学科核心素养才算真正形成。因此,指向学科核心素养的教学必须改变传统的教学设计方式,即从知识点转向单元。大单元设计可以有效整合学科知识,使知识结构化,联结真实情境,促进深度学习。因此,大单元设计是让学科教学"回家"的有效路径。

---

[1] 卢明,崔允漷.指向学科核心素养,进阶校长课程领导力[N].中国教育报,2020-6-10.
[2] 崔允漷.素养本位的单元设计[R].内部资料,2020-9-20(5).

为什么单元前面要加一个"大"字？这里的"大"不是指教学内容多的意思，而有其特定的含义。一是基于核心素养的教学倡导大观念、大项目、大任务、大主题或大问题的设计，并以此来引领学习，这是大单元设计的一个重要标志。二是"大处着眼"，从只关注知识、技能、习题、分数转向重视能力、品格与观念的培养，克服着眼点过小、功利、短视，以致"见书不见人"的做法。三是拓展时空，这里涉及时间和空间两个维度，从时间维度看，以"课时"为单位的设计思路必然导致"时间决定学习"，而不是"学习决定时间"。课程不是以"下课"为结束标志的，而是以学生学会即目标达成为结束标志的。[①] 从空间维度看，一个单元至少指向一个学科核心素养，大单元设计有利于教师正确理解知识体系与学习的关系，先通过单元开篇的教学——"单元导学"，让学生感知"森林"的全景，再通过分课时学习让学生走入"森林"去认识"树木"，进而通过认识"树木"反过来加深对"森林"整体的认知与理解，最后通过单元小结与拓展学习，形成单元知识图谱，发展学科核心素养。

二、学习经验促使教学设计从教案走向学历案

当下，教师的教案是指向学科内容的，其关注的是"教过"，即教什么、怎么教，是教师立场；而基于学科核心素养的教学方案应该是指向学习经验的，应关注的是"学会"，即学什么、怎么学、学到什么程度，如何判断是否学会，是学生立场。这是一种对传统教学设计的颠覆。唯有如此，才能让学科教学"回家"。

现实中，学生一直在进行学科学习，为何作为"家"的学科核心素养却"失落已久"？为何巨量的学科学习投入无法带来学科核心素养的"产出"？究其原因，长期以来学生学科学习的定位发生了偏差，知识甚至分数成为学科学习的唯一追求，使得学习局限于知识点的识记、理解、简单应用。这就导致学生学习方式的浅表化，能用死记硬背解决的为何要费心地去理解？借助回忆和复述就能提高分数的又何必去迎接更大的认知挑战？换言之，以往学习中学科核心素养的缺失关键在于对学生学习经验认识的缺位，即学生未能经历有指导、有挑战、高投入、高认知的学习过程，并获得有意义的

---

① 崔允漷.如何开展指向核心素养的大单元设计[J].北京教育·普教版,2019(2)：11—15.

学习结果。[1]而如果学习结果对学生而言缺少个人意义,自然不可能内化为素养。

核心素养的重要表征是让学生学会"做事"。[2]做事不能光凭知识,更需要经验。学科核心素养要求学生学会在特定情境中运用所学知识、方法与观念去解决问题或完成具体的某项任务(做事)。这样的学习不只是积累知识,更是建构经验。何谓经验?经验是人在面对挑战时产生的反应,也就是如何应对挑战的"实战"能力。经验学习有别于知识学习,它可以从经验中去学习经验,如师父带徒弟;也可以从实干中学习,自己边做边积累经验。经验学习强调通过具体的"做"来达到行为改变之目的。所以,指向学习经验的教学设计应聚焦学生学习经历的设计,让学生在做中学、说中学、悟中学、教中学(教授他人)。教学设计时,要注意从"知识点"转向"知识群",使知识结构化;从学科内容(教什么、怎么教)转向课程内容(为什么学、学什么、怎么学、学到什么程度),实现教—学—评一致,使学生明白学习的意义,并主动争取有更好的表现,让学习增值。要适应以上变化,需要增加新的教学元素,于是,从教案走向学历案便成为必然。

三、新探索:从"课时学历案"到"单元学历案"

1.0版的"课时学历案"走出了教案革命的第一步。它是教师在班级教学的背景下,围绕某一学习单位(主题或课时),从期望学生"学会什么"出发,设计并展示"学生何以学会"的过程,以便于学生自主建构或社会建构经验或知识的专业方案。[3]进入核心素养时代后,"课时学历案"应该如何发展呢?

首先,遵循学科核心素养的形成规律。如果说各种具体学科素养成分,特别是知识、技能、规则等,在短时间内便可获得,常常呈直线式上升;那么学科核心素养则需要学生的持续建构,而且往往呈螺旋式上升样态,这就是学科核心素养的形成规律——持续的影响力与建构性。"课时学历案"的局

---

[1] 崔允漷.指向深度学习的学历案[J].人民教育,2017(20):43—48.
[2] 崔允漷.新课标新高考如何构建"新教学"[N].中国教育报,2019-8-29(6).
[3] 卢明,崔允漷.教案的革命:基于课程标准的学历案[M].上海:华东师范大学出版社,2016:8.

限性在于,以课时为单位的设计导致课时之间关联度相对较弱,不利于持续性建构和素养的形成。如何突破? 一是要解决知识碎片化教学的问题,提高学科内容的结构化程度,增强课时与课时之间的关联度,设计好课时内部和课时之间的学习进阶,以提升持续的影响力实现持续性建构,这就要求我们必须突破课时界限,选择大单元设计;二是转变学习方式,继承"课时学历案"在学生经验建构或知识建构方面的优势,并从"课时学历案"转向"单元学历案"。

其次,厘清"单元"的内涵。单元学历案的目标从学会知识技能转向运用知识技能来做事,相应地,教学设计的单位也应从一个具体的知识点走向一个单元(Unit),帮助学生完成知识的习得、内化、应用这一整个周期的持续的学习活动。这里的单元与教材中的单元是有区别的,即这里的单元不是以系统化的学科为基础组织的"教材(内容)单元",而是有效展开的一连串"学习活动的段落"。[①]"学习活动的段落"即"学习单元"。"学习单元"是一种学习单位,一个单元就是一个学习事件、一个完整的学习故事,因此,一个单元就是一个微课程。现有教科书中的单元,譬如语文教材中一个单元通常是一个主题下的几篇课文,如果这几篇课文没有一个完整的"大任务"驱动,没能组织成一个围绕目标、内容、实施与评价的"完整"的学习事件,那它就不是我们所讲的单元概念,它只是内容单元,而不是学习单元。[②] 一个学习单元由素养目标、课时、情境、任务、知识点等组成,单元就是将这些要素按某种需求和规范组织起来的一个结构化的整体。

第三,认识单元整体设计与学习过程分课时设计的关系。单元整体设计应重点关注知识结构化和课时与课时之间的衔接,为学生持续性的知识建构提供支架。学习过程分课时设计遵循学校课堂教学排课规律,分课时设计"学历案"仍是单元设计的重点。单元学历案的第一课时一般安排"单元导学",对本单元的内容、学法等进行整体介绍;中间的分课时设计是建构本单元的知识与经验;最后的一课时一般安排单元小结与拓展学习,让学生回顾整个单元学习,完成知识整理与拓展。值得提醒的是,"单元导学"和"单元小结与拓展学习"的课时安排不宜过于刻板,可以视实际情况适当微

---

① 日本课程学会.现代课程事典[M].东京:图书文化社,2001:166.
② 崔允漷.如何开展指向核心素养的大单元设计[J].北京教育·普教版,2019(2):11—15.

调。大单元设计运用的是"总—分—总"的设计思路,将整个单元的教学设计视作一个整体一次性完成,重视课时与课时之间的衔接和思维统整,精心设计分课时学习,保证每一个学习单元都能围绕学科核心素养展开。

第四,明确单元学历案的功能定位。单元学历案不是练习册,也有别于"导学案"。"练习册"是作业的一种汇编形式。"导学案"虽然有学习目标、导学过程、资源链接和课后作业,但是它没有体现"何以学会"的完整的学习经历设计,也没用运用教—学—评一致性的核心技术。而单元学历案是教师基于学生立场,围绕某一学习单元从期望学生学会什么出发,一体化设计的、帮助学生自主建构或社会建构经验的专业方案,是帮助学生学好教材的支架,是课堂内师生互动、生生互动、学生与方案互动的载体,也是记录学生学习过程的档案。基于这样的功能定位,单元学历案的教学范式应该是:"学"在先、"教"在后、"评"在中,将评价镶嵌在教学过程之中。所谓"学"在先、"教"在后,不是先自学然后教师再讲解,而是优先考虑学生需要,凡是学生通过学历案能自己学会的教师不必再教,当学生独立学习有困难时,教师能够随时介入,甚至一开始就讲。教师介入包括讲解、启发、追问、演示等,这种介入以"破冰"为目的,一旦疑难解除,教师的介入应立即终止。另外,还需正确处理学历案与教材的关系,教材上有的内容,学历案上尽量不重复,使用时两者应该有机结合。

02 单元组织方式与单元学历案的设计模型

大单元设计以学科核心素养的培育而非学科内容的学习为主轴，因此单元的组织也必须突破课时主义、知识原子论的桎梏。单元组织要依据课程标准、教材和学情，从以下几个方面入手：第一，根据课程内容确定学期课程单元数量。在分析学生学习经验和发展水平的基础上，结合教材本身的逻辑关系、教材内容之间的关系、与教材对应的课程标准的要求以及其它课程资源，按照国家规定课时，整体确定一个学期学习单元的数量。第二，依据学科核心素养厘清各单元之间的逻辑关系，确定各单元名称，明确各单元是以大任务、大主题、大问题、大观念，还是大项目来统领学习。

一、单元组织方式

大单元设计的第一步是组织（划分）学习单元，一个单元至少指向一个学科核心素养。单元的组织方式有多种，下面介绍四种典型的单元组织示例。

（一）以大任务来组织单元

高中历史统编教材《中外史纲要（下）》第三、第四单元讲述了15—18世纪西方逐渐崛起并领先世界的历史，如何根据教材上的这两个"内容单元"来组织一个"学习单元"呢？

1. 依据课标将教材内容结构化

通过分析课标要求和教材内容,确定以下关键词:西方、新航路开辟、思想解放运动、资产阶级革命。依据这些关键词,重新对教材内容进行结构化:西方资本主义的兴起是新航路开辟的根本原因,新航路的开辟又促进资本主义生产关系的极大发展;经济基础决定上层建筑,资本主义经济的发展促进资产阶级在思想领域掀起解放运动,进而表达自己的政治和经济诉求;经济领域和思想领域的发展,共同推动了资产阶级在政治领域掀起反对封建制度的斗争,进行资产阶级革命,促进资本主义政治制度的建立。按照以上知识逻辑对教材内容进行整合与重组。

2. 设计大任务并组成单元

根据以上结构化的内容,结合学情分析,设计一项大任务"从经济、思想文化、政治等角度入手,完成一篇1000字的有关近代前期西方崛起的小论文。"将教材的第三、第四单元内容整合成一个"学习单元",由大任务来驱动单元学习,该大任务也是单元的一个评价任务。在此基础上,确定单元名称与课时,并将大任务分解成三个子任务,分别与课时内容相对应,通过逐个完成子任务,进而完成大任务,具体脉络关系见表1-2-1。

表1-2-1 "近代前期西方资本主义的兴起和发展"学习单元

大任务	子任务	课时内容	指向核心素养	课时
从经济、思想文化、政治等角度入手,完成一篇1000字的有关近代前期西方崛起的小论文	—	单元导学	—	1
	1. 完成一篇有关西方资本主义经济发展的评述	全球航路的开辟与世界格局的演变	时空观念 历史解释	1
	2. 以小组为单位开展以"文艺复兴、宗教改革、近代科学和启蒙运动何者影响更大"为主题的辩论赛	西欧的思想解放运动	史料实证 历史解释	1
	3. 以小组为单位撰写以英、美、法国资产阶级革命历史为主题的报告	资产阶级革命与资本主义制度的确立	史料实证 历史解释	1
	—	小论文交流与单元小结	历史解释	1

3. "大任务"的评价标准

合格,有1个方面明确的观点,能够用史实或史料论证自己的观点;良好,有2个方面明确的观点,能分别用2个史实或史料论证自己的观点;优秀,至少有2个方面明确的观点,能用2个及以上史实或史料论证自己观点,并能建立观点之间的联系,提出抽象的看法或者批判性的历史解释。

(设计者:石再一)

(二)以大问题来组织单元

以大问题来组织单元是核心素养背景下大单元设计的常用方法,下面以湘教版高中地理必修一第三章《地球上的大气》为例作一介绍。

1. 解读教材与课标

教材内容"地球上的大气"包括大气的组成与垂直分层、大气受热过程和大气热力环流三部分,它们均属于"大气环境"这一知识模块,是高中自然地理中最经典、最核心的知识之一,且课时之间逻辑关系紧密。课程标准对这块内容的要求是:运用图表等资料,说明大气的组成和垂直分层,及其与生产和生活的联系;运用示意图,说明大气受热过程与热力环流原理,并解释相关现象。其指向的学科核心素养包括:综合思维、人地协调观与地理实践力。课标要求学生能够对生产生活中真实的大气现象成因问题进行探究,适合用大问题来统领单元学习。

2. 设计大问题并组织单元

基于以上解读,"地球上的大气"这章内容能否组成一个"学习单元",关键是看能否用一个大问题来统领单元学习,使之构成一个完整的学习事件。经过研究,我们设计了以下大问题:**大气的成分、运动与热力作用对人类活动有哪些重要影响?** 此问题涵盖了本单元的全部核心知识,学生通过此问题可以清晰地了解本单元的知识是什么?这些知识有何用?如何用?将大问题再拆分成三个子问题,形成问题链,分别与课时内容相对应,形成一个环环相扣的结构化系统。学生通过各个击破子问题的方式实现学习进阶。具体脉络关系见表1-2-2。

3. "大问题"的评价标准

"大问题"是本单元的一个评价任务,其评价标准为:合格,能够举出结构良好的理论地理现象,并使用相关原理进行简单口头解释;良好,能够举出相对复杂的真实地理现象,并使用相关原理进行完整书面解释;优秀,能

表 1-2-2 "地球上的大气"学习单元

大问题	子问题	课时内容	指向核心素养	课时
大气的成分、运动与热力作用对人类活动有哪些重要影响?	—	单元导学	—	1
	1. 为什么飞机一般在对流层顶部与平流层飞行?	大气的组成	人地协调观	1
		大气的垂直分层	综合思维	1
	2. 为什么地球上的昼夜温差远没有月球表面大?	大气的削弱作用	综合思维	1
		大气的保温作用	人地协调观	1
	3. 为什么海南岛的大气白天多阴雨,夜间多晴朗?	热力环流的形成原理	综合思维	1
		热力环流的实际运用	地理实践力	1
	—	单元小结与评价	综合思维	1

够举出结构不良的真实地理现象,并综合使用相关原理进行书面、地理小实验(或小调查)相结合的深入解释。(设计者:杨青)

(三) 以大观念来组织单元

有的学科的知识模块适用于以大观念来组织单元。下面以高中生物必修一《分子与细胞》第四章《细胞的生命历程》为例,说明如何通过确立大观念来组织"学习单元"。

1. 解读教材与课标

教材内容的呈现以生命历程为主线,包括细胞生长、增殖、分化、衰老和死亡等生命活动过程。由于多细胞生物体的生长发育与细胞的生命历程密切相关,因此通过了解细胞的生命历程可以进一步认知生物体的生命过程,正确理解生命系统的发展变化规律,体现生命活动过程中结构与功能关系的基本观点,进而了解细胞生物学的相关研究和应用。教材内容上承已学的细胞结构和代谢知识,下接必修二《遗传与进化》模块中减数分裂的知识,对于知识体系的完整构建起着重要的链接和基础作用。

课标要求是:描述细胞通过不同的方式进行分裂,知道有丝分裂保证了遗传信息在亲代和子代细胞中的一致性;了解在个体发育过程中,细胞在形态、结构和功能方面发生特异性的分化从而形成复杂的多细胞生物体;描述在正常情况下,细胞衰老和死亡是一种自然的生理过程。本内容指向的学科核心素养是科学思维、科学探究、生命观念和社会责任。

2. 确立大观念并组织单元

高中生物教材必修一中关于细胞有一个大观念,"细胞的生存需要能量和营养物质,并通过分裂实现增殖",如果以此大观念来组织单元,则单元内容过于庞大,课时太多,不利于组织教学。而"细胞的生命历程"是以上大观念所属内容的其中一部分,若以"细胞的生命历程:生长、增殖、分化、衰老和死亡"为线索,可以凝练成一个相对小一点的大观念:细胞的特定生命历程。由此大观念来组织单元内容,可以组成一个8课时的"学习单元",这样的学习单元大小比较合适,有利于教学。该大观念还可以分解成三个子观念,分别对应相应的课时内容,详见表1-2-3。

表1-2-3 "细胞的特定生命历程"学习单元

大观念	子观念	课时内容	指向核心素养	课时
细胞特定的生命历程	—	单元导学	—	1
	1. 细胞的有丝分裂保证了在亲、子代之间遗传信息的一致性	细胞的生长与细胞增殖概述	科学思维	1
		细胞有丝分裂过程和意义;细胞癌变及防治措施	社会责任	2
		制作和观察根尖细胞有丝分裂临时装片	科学探究	1
	2. 细胞分化使细胞种类增加是生物个体发育的基础	细胞通过分化产生不同类型的细胞;细胞全能性	生命观念 科学思维	1
	3. 细胞衰老和凋亡是一种自然生理过程	细胞的衰老、凋亡与人类生命健康	生命观念 社会责任	1
	—	单元小结与评价	生命观念 科学思维	1

以大观念为指引,沿着细胞的特定生命历程这条主线来学习细胞生命活动过程,科学认知细胞增殖、分化、衰老和死亡等生命现象,既是课标的要求,也是正确理解生命系统的发展变化规律的需要,有助于学生理解生命进程和变化特点。这样的单元组织,一方面有利于发展科学思维,提升科学探究素养;另一方面,学习过程中可通过了解生命的神奇,树立珍爱生命的观念和正确的生命观;此外,还可以从细胞衰老和个体衰老的关系联想我国步入老龄化社会现状,形成一定的社会责任意识和正确的价值观。(设计者:

（四）以大项目来组织单元

信息技术这门学科常常以项目学习的方式来组织教学。下面以浙教版信息技术必修一《数据与计算》(2019版)第四章第一节《常用表格数据的处理》为例，说明怎样以大项目来组织学习单元。

1. 解读教材与课标

本节内容是必修一第一章《感知数据》的进阶要求，也是第四章《大数据处理与应用》的预备知识，但是，其学习内容和工具都与其他单元相对独立。教材内容是按"整理→分析→展示"的逻辑线索编写的，介绍了利用软件工具或平台对数据进行整理、组织、计算与呈现的技术。课标要求："会利用软件工具或平台对数据进行处理，能依据数据分析结果形成可视化的数据分析报告"。

2. 学情分析

在本节内容学习之前学生已经知道了数据的概念，掌握了数据采集的一般方法，具备了一定的信息分析能力，并能用文字描述分析结果。但是，学生利用数据分析软件进行数据分析的能力还处于初级阶段，需要进行进一步的学习与训练。

3. 项目设计与单元组织

根据以上分析，我们设计一个真实情境"将某学科学期成绩数据制作成一个可视化的分析报告"，以此情境为背景设计一个大项目"制作学期成绩可视化分析报告"，并将教材内容组成一个"学习单元"。项目设计的目标、过程、成果等要求明确清晰。项目内容和过程围绕本单元学习目标；项目过程分课时设计，并分解成若干子项目，与课时内容相对应。子项目有两种类型：一种是大项目的一个组成部分，另一种是完成大项目必备的能力基础。项目成果包括过程性成果和终结性成果，成果形式和评价标准必须明确具体。具体脉络关系见表1-2-4。

表1-2-4 "制作一个可视化数据分析报告"学习单元

大项目	子项目	课时内容	指向学科核心素养	课时	项目结果 成果	项目结果 评价指标
制作学期成绩可视化分析报告	—	单元导学	—	1	—	—
	1. 利用原始数据,制作一份高质量的数据表格	数据整理	计算思维 信息意识	1	高质量的数据表	表格是否存在数据冗余、缺失、异常等问题;表格分类的合理性,数据的准确性
	2. 利用公式和函数将项目1得到的数据处理成对报告有意义的数据类型	数据计算	计算思维	2	有意义的数据类型	数据处理的完整度;处理后的数据能否直接体现项目的需求
	3. 将项目2的数据制作成可视化的图表	数据图表呈现	计算思维	2	成绩分析报告初稿	图表的类型、内容能否体现项目的需求;成绩分析报告的准确性和完整度
	4. 将项目3得到的图表进行美化处理,形成最终分析报告	小结与拓展	计算思维	1	成绩分析报告终稿	成绩分析报告中的图表呈现的合理性与美观度

(设计者：技术组学历案团队)

二、单元学历案的设计模型

  一个完整的大单元应该包含以下基本要素：单元名称与课时、学习目标、评价任务、学习过程、作业与检测以及学后反思。[①] 这些要素也是单元学历案的构成要素。学习目标是明确学生要到哪里去，即学会什么；评价任务用以判断学生是否到达了那里，即学会了没有、掌握到了什么程度；学习过程应设计学生怎样学习，即如何让学生在学习、真学习、有深度地学习；作业与检测要全面、系统地考查学生的目标达成情况，一方面用于评价学生的学习效果，另一方面帮助学生巩固提高；学后反思是提供给学生一个支架来管理学习，梳理知识，形成知识图谱，感悟思想方法，最终通向素养。"六大"要素构成一个完整的学习事件。

  依据单元学历案的构成要素，我们尝试建构单元学历案的设计模型。

[①] 崔允漷.如何开展指向核心素养的大单元设计[J].北京教育·普教版,2019(2)：11—15.

如图 1-2-1 所示。

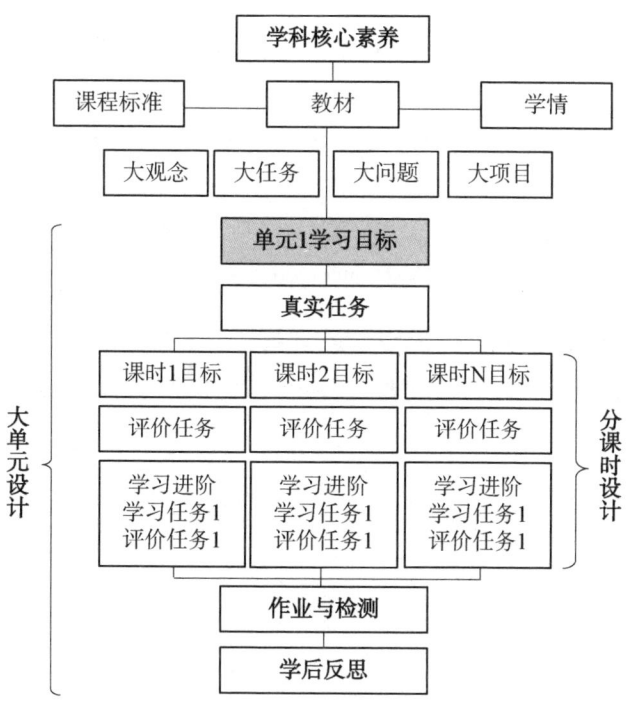

图 1-2-1　单元学历案设计模型

在单元学历案设计时需要解决好如下问题。第一,通过分析教材、课标、学情和课时情况,确定并叙写单元学习目标。第二,依据单元目标,明确单元评价任务,对评价做出整体安排,预估学生在问题解决中的可能表现并开发对应量规,如有需要,设计一个有真实情境介入的综合性的评价任务。第三,处理好单元与课时的关系,在进行一个单元的课时分配时,要留出时间用于单元启蒙教学,即"单元导学",还要留出一定的时间用于单元小结与拓展学习。第四,根据单元目标再细分课时目标,目标分解要体现学习进阶,分课时设计学习过程时也要体现学习进阶,并嵌入评价任务,贯彻"教—学—评"一致性,始终保持目标导向。直到至少三分之二的学生通过评价了,方可转入下一个目标或任务的学习,否则,教师要有弥补的预案或措施。第五,要整体设计与单元目标、课时目标相匹配的作业与检测,为学生提供必要的检测与巩固练习,也为教师提供可靠的目标达成评价证据。第六,设计好"学后反思"环节,强调学生的学习责任,推进深度学习,搭建支持性的反思支架,引领学生在悟中学,呼应前面的单元目标。

总之,大单元设计可以依据学习目标对教材内容进行补充、整合与重组。从课标出发,确定一个具有概括性的、能统领单元学习的大任务、大问题、大观念或大项目,然后依据一定的内在逻辑,对教学过程的导入、情境、问题、任务、活动、评价等各要素进行设计,并把所有的要素联结形成一致性的整体;学习过程的设计依然要分解到课时,逐课时落实;单元评价任务设计需要有真实情境的介入,将知识学习与真实生活连接起来,打通知识(符号)世界与生活世界,便于学生感受到知识学习的意义与价值,并通过将知识条件化、情境化和结构化,促进深度理解。当然,并非每一项评价任务都要有真实情境,用于检测知识技能的评价任务可以不加入真实情境。

③ 单元学历案设计的关键技术

在单元学历案设计过程中,老师们常常会遇到以下技术难题:一是单元目标与课时目标如何确定,两者关系如何处理,事关单元教学的方向;二是单元学历案的"开篇"(即"单元导学")如何设计,引领学生"入门"本单元的学习;三是单元"大挑战"如何设计,以此驱动本单元的学习;四是学习过程的进阶如何设计,帮助学生学会,让学科核心素养落地;五是单元整体作业如何设计,如何处理好它与教材中作业的关系,使设计的作业符合课程标准素养水平层级的要求;六是学后反思支架如何设计,让学生的反思更有针对性、更有意义。下面就以上问题进行深入探讨。

一、单元目标与课时目标如何确定?

单元目标是教师依据学科课程标准,结合教材、学情等分析而制定的。正确的学习目标须按照"三维"要求来叙写,做到明确、具体、可操作、可评价,且指向学科核心素养。

以高中语文"《红楼梦》整本书阅读与研讨"单元为例,首先,我们对目标制定的三条主要依据进行分析。

首先,这一单元对应的是课程标准当中的"整本书阅读与研讨"任务群。具体要求是:本任务群旨在引导学生通过阅读整本书,拓展阅读视野,建构阅读整本书的经验,形成适合自己的读书方法,提升阅读鉴赏能力,养成良好的阅读习惯,促进学生对中华优秀传统文化、革命文化、社会主义先进文化的深入学习和思考,形成正确的世界观、人生观和价值观。

其次,教材内容可从两方面考虑:一方面是《红楼梦》本身特点,作为经典名著不仅在中国文化也在世界文化中享有特殊地位,有着很高的历史、文学、文化价值;另一方面是进入教材的《红楼梦》整本书阅读,有"单元导语"的总体要求,有具体的"阅读指导"和可操作的"学习任务"。

第三,学生实际情况主要是:学习任务重,阅读时间少;小说所描绘的故事场景年代较为久远,与学生的当下生活有隔膜;作为古典白话小说,《红楼梦》对于学生来说存在一定的阅读难度;由于性别、趣味等的差别,一些学生的阅读兴趣、动力明显不足。

基于上述分析,我们确定"《红楼梦》整本书阅读与研讨"的单元目标如下:

1. 通过查阅资料、分享交流,了解《红楼梦》的价值,激发阅读《红楼梦》的兴趣。

2. 在"《红楼梦》周阅读单"的引导下,按照阅读计划,有步骤地阅读,养成阅读习惯,享受阅读带来的愉悦。

3. 参与小组合作探究,能从情节、人物、环境、诗词、主题等至少一个方面入手开展阅读鉴赏和梳理探究活动,体会《红楼梦》的艺术价值,增强文化自信。

4. 通过阅读《红楼梦》整本书,开展《红楼梦》专题读书会,了解阅读意图和阅读方法的多样性,体会阅读方式或风格的个性化特点,建构适合自己的整本书阅读经验。

根据大单元设计的特点,有了单元目标,在分课时设计教学方案时依然需要叙写课时目标。这里有必要说明一下单元目标和课时目标的关系,两者既有联系又有区别。单元目标与课时目标的关系见表1-3-1。

表1-3-1 单元目标和课时目标的联系与区别

目标分类	联系	区别
单元目标	课时目标要依据单元目标来制定,是单元目标的具体化;单元目标要依靠课时目标才能落地。单元目标和课时目标的数量一般以3—5条为宜	单元目标指向学科核心素养,描述"看得见"的结果,有点抽象;着眼于一个单元,此单元要解决什么问题,期望学生学会什么,表达上相对于课时目标要宏观一些
课时目标		课时目标立足基础知识与基本技能,描述"做得到"的结果,相对具体;着眼于一个课时,本课时要解决什么问题,期望学生学会什么,表达上相对于单元目标更微观、具体一些

一般来说,单元目标相对课时目标,可以写得略"上位"一点,课时目标要将单元目标再分解,更加具体。如《红楼梦》整本书阅读"单元:

单元目标1是:

> 通过查阅资料、分享交流,了解《红楼梦》的价值,激发阅读《红楼梦》的兴趣。

这个单元目标可以具体化为3条课时目标:

> 1. 通过查阅资料,收集2—3个他人阅读《红楼梦》的故事或对《红楼梦》的评价,通过分享感悟,形成自己的阅读期待;
> 2. 浏览《红楼梦》的"趣点",品味他人的阅读评价,提升阅读原动力;
> 3. 了解《红楼梦》的常见阅读方法,为拟定自己的阅读计划做准备。

需要强调的是,并不是所有的单元目标都需要经过拆分才能成为课时目标,有时候,如果单元目标需要表达得很具体,且已经表达得很具体了,则课时目标可以和单元目标完全一致。(设计者: 蒋雅云)

二、"单元导学"如何设计?

一个单元的开篇怎么教?这个问题还没有引起广大教师的重视。不少教师习惯于单元第一课时就直接进入内容教学,然而有经验的教师却非常重视单元开篇教学,会专门安排课时进行单元启蒙教学——"单元导学",其实"单元导学"对动机激发、思维引导和学法入门起着至关重要的作用。单元学历案也将"单元导学"单列为一个课时(实际教学时视情况而定),作为单元教学的开篇,其目的是为后续学习做好铺垫。

那么,"单元导学"如何设计呢?总的策略是大处着眼、整体入手,致力呈现"森林"全景,避免一开始就陷入细枝末节而不能自拔。聚焦"四大"来统领学习,即揭示大背景,认识单元学习;提出大问题,聚焦单元学习;设计大任务,驱动单元学习;确立"大观念",领航单元学习;涉及具体单元时,应该根据单元的内容特点,选择大问题、大任务(大项目)或大观念中的其中之一即可。把握好"三个关系"和两个关键词。三个关系,即眼前与长远、整体与局部、综合与分解;两个关键词,即"起始教学""单元整体"。"起始教学"不等同于"知识教学",如果把单元教学比作需要安装 GPS 的汽车驾驶,那么"单元导学"就是探讨应该到达的目的地和最佳的驾驶路线。让学生一开始就能感知单元"森林"的全景,获得如何游览此"森林"的方案与路线图,把学生带到正确的起点,看到要去的终点,即先解决好为何学、学什么、怎样学的问题,再开始正式的知识学习。

第一,整体把握,精准定位。要全面分析整个单元的教材,而不是其中的一块,还要注意挖掘其它课程资源作补充。重视寻找知识的源头,明晰知识发生、发展的脉络与背景,从整体上认识和把握单元的全部内容,不但要弄清本单元知识所在"森林"的位置,把握这片"森林"与其它"森林"的联系,即搞清楚本单元知识与其它相关单元知识的联系,在更大的时空中理解本单元知识的地位、作用和教育价值,还要认识本单元知识所在的"森林",弄清这片"森林"是什么,这片"森林"里有什么,有哪些核心知识,核心知识的本质是什么。以高中数学中的数列为例,从顺序上看,它后于函数的概念与性质学习单元("森林 1");从内容上看,它独立成章构成单元("森林 2")。但是,数列的本质还是函数,只不过是它的自变量定义域发生了变化,故它是一类特殊的函数,因此函数的某些性质、表示法依然适用于数列(即两片"森林"之间的关系);数列有它自己的知识点和知识体系,如数列的性质、通项、前 n 项和、递推关系、等差数列和等比数列等,这些是构成数列的核心知识;等差数列的通项、前 n 项和又分别与一次函数、二次函数有关联,等比数列的通项与指数函数有关联,即核心知识的本质。以上分析,既是对单元内容的整体把握,又是对单元地位的精确定位。此外,还要想清楚在"单元导学"课上应该向学生呈现什么,不应该呈现什么,以便高屋建瓴,突出重点,有利于学生建构本单元的知识框架。

第二,创设情境,激发动机。"单元导学"的目的之一是激发动机。学习动机是学生学习的动力系统,对引起学习、维持学习、促进学习有十分重要的作用。通过创设学生熟悉的情境,让学生感受到学习本单元知识是必要的、有用的。如,设计一个真实情境,初看它可以用过去的知识来解决,但是在实际解决问题的过程中却发现仅仅依靠原有知识还不够,需要用到新的知识,并且这种知识正是本单元要学的内容。再如,在高中数学"函数的概念与性质"单元学习时,可以以新冠肺炎疫情防控为背景创设一个情境:有专家预测新冠肺炎疫情将在5月20日左右出现"拐点",可是到5月23日感染人数还在增加。于是,有人质疑专家的预测不准确,对此你有何看法?此例中,质疑的人是误将"拐点"理解成"最大值"点了,其实疫情"拐点"是借用了一个数学概念,它不是指病例的"高峰值",而是指改变曲线向上或向下方向的点(即曲线的凹凸分界点),即病例增长曲线从快速增长到缓慢增长的转折点。当学生感到迷茫时,再告诉学生学完本单元后你就能解释这个问题了,让学生感悟到将要学的知识是有用的。此外,还可以通过"揭示大背景,提出大问题",让学生了解为什么要学习本单元,本单元拟解决的主要问题是什么,以强化学生"学而有用,学以致用"的观念。

第三,以学定教,指导学法。如何引导学生学好本单元是"单元导学"要解决的重要问题。教师常常遇到这样的学生,同一门学科A模块学得好,B模块学得不好。一般人总是将以上问题归因于难度,其实很多时候不是因为难度,而是因为方法没有入门。因为同一学科的不同课程模块,其思维方法和学习方法常常存在着很大差异。比如,高中数学中的排列组合与平面向量,两者差异很大,排列组合一些具体的思维方法和学习方法无法迁移到平面向量的学习中去。换言之,学习不同的单元常常需要掌握其特定的思维方法和学习方法。"单元导学"让学生在具体学习展开之前先对本单元的思维方法与学习方法有所了解,以便在后续学习中加以运用,帮助学生解决"入门"问题。为此,教师在设计"单元导学"前应认真分析学情,包括前备知识、认知潜能、认知障碍和学习方式等,准确把握学生的认知状况,以"学会"为逻辑起点,构建本单元的学习路径,向学生提供本单元学习的资源与建议,对学生进行针对性的学法指导,为学生学习提供支持。学法指导不能"空对空"讲道理,应结合示例,注重体悟,将单元学习的策略、路径与方法介绍融入单元知识介绍之中。

总之,"单元导学"是大单元设计的一个重要组成部分,对本单元的后续学习有着重要的影响。然而,在核心素养背景下探索"单元导学"的设计还是一个全新的课题,还有许多问题值得深入探讨。

三、指向核心素养的单元"大挑战"如何设计？

单元学历案在"单元概览"的开头部分设计了"你愿意接受挑战吗？"通过创设情境，让学生面对挑战来开启单元学习，旨在帮助学生理解新学知识的价值，为他们建构经验、将所学知识运用到具体情境中提供机会，激发兴趣，激励学生主动获取知识。那么，如何设计指向核心素养的单元"大挑战"呢？下面以高中思想政治必修3《哲学与文化》第三单元"文化传承与文化创新"为例加以说明。

首先，依据课程标准，提炼核心问题。课标要求"继承中华优秀传统文化和革命文化，发展社会主义先进文化，尊重世界文化多样性，增强中国特殊社会主义文化的自觉和自信。"从课标要求中可以发现本单元的核心问题是"如何发展中国特色社会主义文化，坚定文化自信"，这一问题是本单元的一条主线，隐藏在整个单元之中（包括综合探究），也是本单元的灵魂所在。通过此问题可以将零碎的知识片段联系起来，既整合了教材内容，突出学科重点，解决学习难点，又指向了政治认同、科学精神等核心素养。

其次，选择真实情境，设计挑战性任务。如选择情境：2004年，中国正式开展月球探测工程，成为中国航天的又一里程碑。除了承载非凡的意义，它还有一个美丽的名字——"嫦娥工程"。2020年7月23日，我国首次执行火星探测任务的"天问一号"探测器成功发射，迈出了我国行星探测第一步，开启了我国航天事业的新篇章。挑战性任务：搜集中国现代航天事业各种航天探测器名称，探寻其文化寓意，并参照"探月工程"图标（如图1-3-1），设计一款具有中国味和国际范的"火星车"图标，为其命名并说明设计意图。以此"挑战性任务"作为单元"大挑战"。

需要注意的是设计单元"大挑战"必须聚焦单元核心问题，充分体现综合性、开放性、创新性和实践性。学生完成"大挑战"需要综合运用单元知识和学科思维方式，充分发挥自己的想象力和创造力，进行持续的探究与思考。这种学习是一种高投入、高认知、高表现的深度学习，有利于核心素养的培育。

图1-3-1

最后，依据行为表现，开发评分规则。学生完成单元"大挑战"需要探究性学习和合作学习,由于任务的开放性、复杂性,学生完成任务的行为表现具有更多的层次性,所以开发评分规则非常重要。评分规则应该看得见学生对知识理解、对技能的掌握以及综合运用迁移的表现。(见表1-3-2)

表1-3-2 单元"大挑战"完成水平评分规则

任务维度	水平1(不达标)	水平2(达标)	水平3(优秀)
1.搜集航天探测器名称并探索其文化寓意	能搜集到一个的航天探测器名称,运用自己的语言表达自己的理解	能搜集到一个比较典型的航天探测器名称,能运用学科专业知识从一个角度表达其文化内涵	能搜集到多个比较典型的航天探测器名称,能运用学科专业知识,从多个角度表达其文化内涵,寓意解读全面深刻、精准,逻辑顺畅
2.设计一款具有中国味和国际范的"火星车"图标	设计的图标仅仅体现了一定的中华优秀传统文化的元素,或体现了外来文化元素	设计的图标有机融入了多种中华优秀传统文化的元素和世界文明的有益成果	设计的图标有机融入了多种中华优秀传统文化的元素和世界文明的有益成果,体现时代精神和社会主义核心价值观的要求,在表达上能借助现代信息技术,在文化形式和内容上全面创新
3.命名与设计思路	对"火星车"的命名不能运用学科知识加以说明,逻辑较为混乱	能运用"继承中华优秀传统文化"和"正确对待外来文化"相关的多个知识说明设计思路并命名,知识运用较为准确,有一定的逻辑性	能综合运用单元所学知识说明设计思路并展开全面论述,知识运用准确,逻辑严密,条理清晰

关于单元"大挑战"的形式,除了上例之外,教师可以设计更为丰富的类型,但关键是要围绕"大挑战"建构经验,以问题或任务驱动学习,凸显学以致用,使学生在单元学习一开始就兴趣盎然,探究的欲望被激发,积极思考自己应该做什么、能做什么,而不是简单地接受知识和做题,能整体把握单元内容和知识体系,为迁移而学。(设计者:王静慧)

四、学习过程的进阶如何设计?

"学习进阶"就好比爬楼梯,只有一个台阶一个台阶地往上爬,才能到达顶点。在设计学习进阶时必须从学生已有经验和认知能力出发,设计一个个连续的"台阶"作为学生学习攀登的"阶梯",用这些连续递进的"台阶"将学生当前所在位置与学习目标(终点)连接起来,构建起指向核心素养的学习路径。下面以高中语文必修下册第六单元"社会批判类小说阅读"为例加以说明,如表1-3-3所示。

表1-3-3 单元目标与学情分析

单元目标	通过情节示意图、人物性格及人物关系分析,探究人物与环境的共生关系
学情分析	1. 曾经有过使用示意图梳理小说情节的经历,但还不一定会根据不同小说情节特点选择合适的示意图。 2. 初步拥有通过品味语言、动作、心理等把握人物形象的经验,了解环境对表现人物、主题的作用,但在分析人物与环境的共生关系方面还有困难

学生要跨越从"当前位置"到"目标彼岸"的这片最近发展区,根据学生的认知经验需要教师为他们设计适当的"台阶",即"学习进阶"。"学习进阶"分成两类,一是单元内课时与课时之间的"大台阶",也称"单元学习进阶",相当于把一个单元看作一幢三层楼房,从一层到二层、二层到三层,每上一层就是一个"进阶";二是"小台阶",即一节课内要达成课时目标需要几级"台阶",即"课时学习进阶",即从一层到二层需要几级楼梯,学生认知能力的强弱决定每级楼梯的高度(见表1-3-4)。

表1-3-4 单元的学习进阶设计

课时内容	单元学习进阶	课时学习进阶	设计意图
第一板块:《装在套子里的人》(1课时)	通过分析别里科夫形象特点、查阅创作背景,分析主人公与周围人物的关系	1. 自读课文,为别里科夫制作人物卡片(包括肖像、语言、动作、心理等特征的梳理概括)。 2. 查阅创作背景,思考"别里科夫怕什么?为什么别人也都怕他?为什么别里科夫死后没过一个礼拜又恢复旧样子"等问题。 3. 从与主人公的关系及主题表现的角度探究华连卡形象的用意	任务1是运用已学方法把握人物的形象,任务2、3是在任务1的基础上通过探究主次人物的关系来体会小说人物与环境的共生性
第二板块:《林教头风雪山神庙》《祝福》(2课时)	通过人物命运发展示意图,分析人物命运发展的性格及社会根源	1. 回顾初中《林教头风雪山神庙》的情节梳理图,选用合宜示意图梳理《祝福》中祥林嫂命运发展图。 2. 分小组讨论"谁该为林冲变'狠'/祥林嫂的死负责",思考人物悲剧的性格及社会根源	任务1是运用已学方法梳理人物命运发展图,任务2是在此基础上探究人物与社会环境的共生性

(续表)

课时内容	单元学习进阶	课时学习进阶	设计意图
第三板块：《促织》《变形记》（2课时）	通过"离奇"事件中人物心理的品味，感受大背景中小人物的生存境况	1. 运用合宜的图表梳理两文的"离奇"事件及相应的人物心理变化。 2. 查阅背景资料，思考探究"离奇"事件背后的社会必然性	任务1是在上一课的学习基础上梳理"离奇"事件及相应的人物心理变化。任务2是在任务1的基础上探究写意小说人物与环境的共生性

纵观整个单元学习进阶设计，第一板块是一篇情节简单、人物关系简单的写实性小说，复习回顾初中小说人物性格分析的方法，初步学习主次人物关系的分析来体会人物与环境的共生性。第二板块也是两篇写实类小说，但情节和人物都较第一课时小说复杂，从命运发展过程中的主要人物性格及环境根源的角度体会人物与环境的共生性，需要具备第一板块中形成的人物性格分析及主次人物关系分析的能力。第三板块是两篇幻想为主的写意小说，从"离奇"事件中人物的心理变化、离奇事件背后的社会必然性的角度体会小人物与大环境的共生性，难度层级最高，需要具备第一、第二板块中形成的人物性格分析、主次人物关系分析、人物命运性格及社会根源分析的能力。总之，板块与板块之间层层递进。（设计者：奚素文，张曙光）

五、单元整体作业如何设计？

作业设计要依据目标，指向素养，结合学情通盘考虑，与单元教学设计同步完成。所谓单元整体作业是指与单元学习同步的、专门设计的作业，它可以与教材上的作业进行整合，并适当地拓展，作为教材作业的有效补充。进行单元整体作业设计时要注意题量适中、难度合适，以免加重学生的课业负担，同时，要清楚检测知识、技能、能力、素养的题型差异，对照"课标"中关于学科素养水平层次的标准，重视设计一定数量的有真实情境的、可检测素养的作业题。

第一，依据学习目标确定作业内容。学习目标既是学习的目标，又是评价的目标。所以，设计的作业必须依据目标，以检测目标的达成情况，包括对知识技能的检测和学科关键能力(核心素养)的检测,对关键能力的检测需要真实情境的介入。例如:高中地理"大气变化的效应"单元"分析判断气候类型"课时的学习中,为检测学习目标:"运用图表资料,能判断某地气候的类型,能描述该气候的特征,会分析其成因,并形成综合思维(核心素养)"的达成,命制了以下作业题。

【题1】根据下面材料,完成下列问题。

材料一:河北省甲县(115°42′E,41°42′N),北京市(116°E,40°N)。

材料二:河北省甲县北部为平坦的坝上高原,平均海拔1536米,湿地占全县面积的14.61%。表1-3-5为甲县与北京市月平均气温表(℃)。

表1-3-5 甲县与北京市月平均气温(℃)

月份	1	2	3	4	5	6
甲县	−15.3	−10.8	−3.4	7.1	13.0	18.0
北京市	−5.0	−1.8	4.3	12.8	20.1	24.4
月份	7	8	9	10	11	12
甲县	21.2	19.5	12.7	6.0	−4.2	−12.3
北京市	26.2	24.6	20.1	12.6	−2.9	−4.3

请与北京相比,说出甲县的气温变化特征,并分析原因。

此题前一问"说出甲县的气温变化特征",用于检测知识与技能。知道用"气温年较差"来描述"气温的季节变化"是知识;能从表格数据中读出甲县的1月与7月的温差比北京大,进而得出"甲县气温年较差比北京大"是技能。此题后一问"分析原因",考查影响气温年较差的因素,从"要素综合"的角度认识气温年较差,这是检测关键能力(综合思维)。

第二,依据素养水平层级确定作业难度。新课标中不同学科核心素养水平分3级、4级或5级不等。如水平1、水平2、水平3……数字越小,水平越低。以高中地理为例,学业水平合格性考试(学考)要求达到水平2,学业水平等级性考试(高考)要求达到水平4,所以核心素养水平层级的描述是设计作业难度的依据。检测核心素养的作业要根据课标对不同核心素养水平层级的描述来命题。例如:高中地理"地表形态的塑造"单元"内外力作用"

课时作业,为检测"地理实践力"的素养水平层级,命制了以下作业题。

【题2】某中学背山面河。该校组织学生开展野外采集岩石标本的实践活动。一组学生上山在基岩上打了2块岩石标本,另一组学生去河床捡了2块岩石标本。图1-3-2为学生们采集的岩石标本,经地理老师鉴定有砂砾岩、页岩、石灰岩和花岗岩。完成(1)~(3)题。

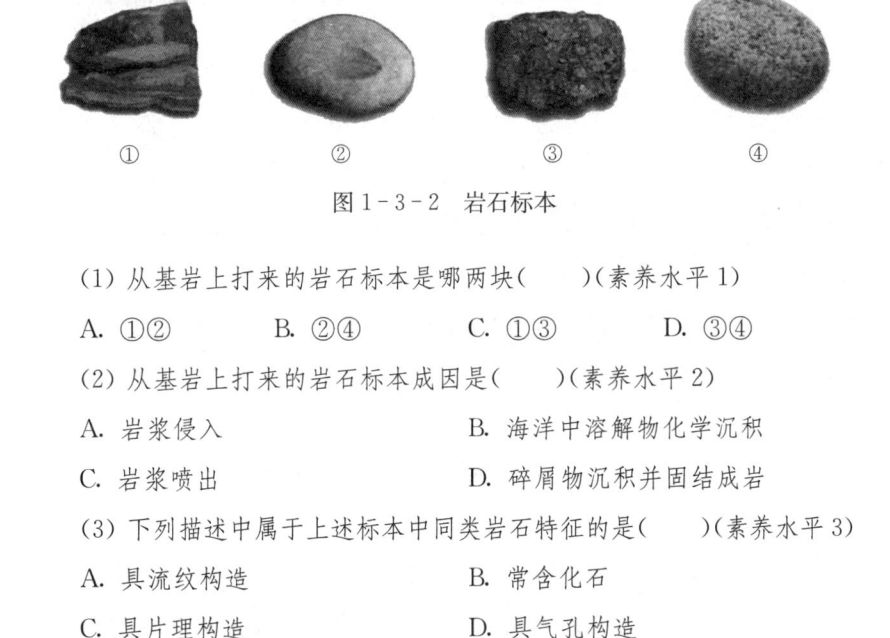

图1-3-2 岩石标本

(1) 从基岩上打来的岩石标本是哪两块(　　)(素养水平1)

A. ①②　　　B. ②④　　　C. ①③　　　D. ③④

(2) 从基岩上打来的岩石标本成因是(　　)(素养水平2)

A. 岩浆侵入
B. 海洋中溶解物化学沉积
C. 岩浆喷出
D. 碎屑物沉积并固结成岩

(3) 下列描述中属于上述标本中同类岩石特征的是(　　)(素养水平3)

A. 具流纹构造
B. 常含化石
C. 具片理构造
D. 具气孔构造

这组选择题考查"观察解读"素养,"观察解读"是"地理实践力(核心素养)"的一个维度,其素养水平1和水平2描述如下:初步的观察,获取和处理简单信息,有探索问题的兴趣(水平1);细微观察,获取和处理信息,有探索问题的兴趣(水平2);分类观察,获取和处理较复杂的信息,主动发现和探索问题(水平3)。第(1)题,粗看就可判断圆滑的是河床捡的,因为岩石在流水搬运过程中被侵蚀磨圆了,毛糙的是基岩打的,考查素养水平1。第(2)题,先粗看判断哪两块是基岩打来的,再细看①有层理构造,③含砂砾,它们都是沉积岩,是碎屑物沉积并固结成岩而成,考查素养水平2。第(3)题,需分类观察,岩石①②③都属沉积岩,常含有化石,岩石④属侵入岩,其矿物高度结晶,考查素养水平3。

如果命制的是考查核心素养的综合题,结论可以开放,评价标准设置成分层,学生做到哪一步,说明学生素养水平在哪个层级,从学生的答题情况来推断其素养水平层级,赋予不同的分值。

第三,依据学生差异设置作业层次。学生水平存在客观差异,设计不同层次的作业,给学生自主选择的空间是因材施教的需要。比如,一个单元的作业一共设计了20道题,由三个层次的题目组成,一是基础题,主要目的是巩固知识与技能,夯实基础;二是提高题,这类题目解题方法较灵活,让学生有"跳一跳,摘果子"的欲望,然后感觉"其实并不那么难",体验成功的快乐;三是发展题,这类题有一定的难度,主要针对"吃不饱"的学生,通过接受挑战,形成高层次学科关键能力(即素养)。三类题目依次排序,数量占比因学习内容、学生实际而异。这20道题不要求所有学生从头做到底,可以有选择地做,如能力较弱的学生做1—10题,能力中等的生做6—15题,能力强的学生做11—20题。当然所选做的10道题不一定题号连续,允许适当跳格,实现分层作业。(设计者:陈作允)

六、学后反思支架如何设计?

当老师要求学生学完一个单元进行反思时,常常遇到的问题是学生不知道要反思什么?怎么反思?即不清楚反思的目标与方法。所以,要让学生能够有效地进行反思,需要为学生指引方向,设计反思支架。"学后反思"是学生在一节课后或一个单元学习之后对自己学习情况的回顾,包括对知识点的重新梳理、对学习行为的评判修正、对自身问题的诊断与求助,从而提高学习效果的一种深层次的学习。"支架"(Scaffold)概念源于建筑界,后被教育引用,意思是"对学习过程的有效干预和帮助"。设计"学后反思"支架要聚焦"应该反思什么?""用什么路径或方法进行反思"和"可以分享什么?"包括梳理已学知识、学习策略,管理、分享自己的知识与成果,诊断自身问题,报告求助信息。具体来说,设计"学后反思"的支架可以从以下几个方面入手。

（一）指向知识梳理

在单元学习结束时，学生需要将碎片化的知识点结构化、系统化，形成逻辑关系清晰的知识体系，便于理解知识之间的本质联系。此类支架包括思维导图（Mind Map）和知识图谱（Knowledge Graph），也称"知识地图"。它们的共同点是利用可视化的图谱形象地展示学科的核心知识和整体知识架构。教师可以设计如下"学后反思"指导语：请将本单元知识画成"思维导图"或"知识图谱"。如一位学生对高中生物关于光合作用过程相关知识进行整理形成的知识图谱，见图1-3-4。

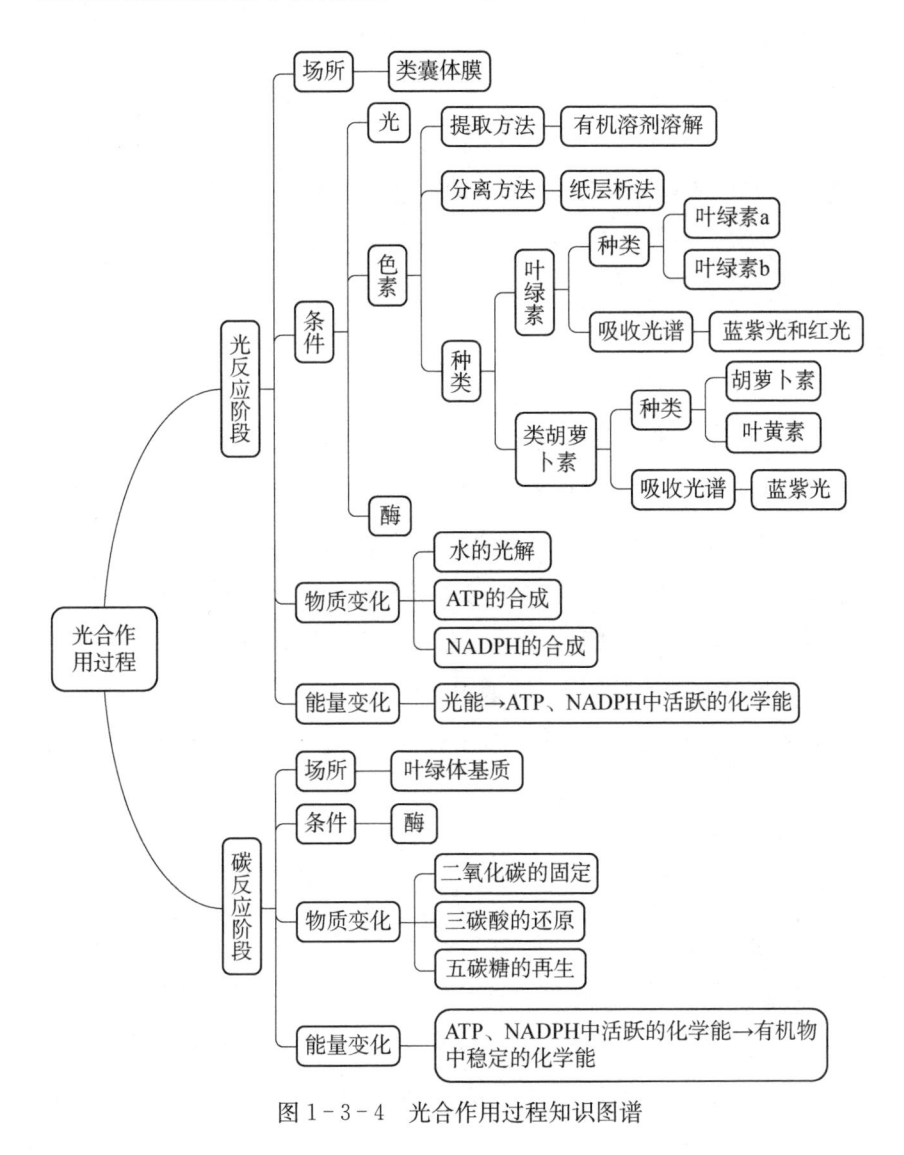

图1-3-4 光合作用过程知识图谱

利用"学后反思"建构知识图谱,能够将碎片化的知识可视化,让学生直观地看到了本单元的知识框架,使大脑储存的新知识更加清晰化和结构化。

(二) 指向问题诊断

俗话说"做一百道正确的题不如发现一道错题",它揭示了发现错误对学习的价值。利用"学后反思"来进行自我诊断,可以设计指向问题诊断的"支架问题",引领学生自我追问。如:"在本单元学习中,我学到了哪些知识?有哪些知识我还存在困惑?困惑的原因是什么?我会用知识解决相关题目吗?我做错题是哪方面有问题,是知识、能力、策略、方法还是习惯?我期望在哪方面得到老师的帮助?"当学生根据以上线索不停地追问时,他们的思维就会处在积极的自我批判和反省之中,他们开始依靠自己的智慧来发现自身问题,积极寻求老师和同伴的帮助,制定相应的解决方案和措施,修正行为偏差。下面分享一位学生在学完"物质通过多种方式出入细胞"后的反思:

通过"物质通过多种方式出入细胞"的学习,我清楚了作为细胞代谢基础的各种物质分别是通过哪种方式进出细胞的,以及每种方式所具有的特点。在"质壁分离及质壁分离复原"活动中,通过对实验现象的观察和实验原理的分析,我清晰直观地认识了蔗糖溶液中的溶剂和溶质进出细胞的方式。通过对日常现象的观察和解释,加深了我对细胞代谢物质基础的理解。但在做题时遇到细胞在 KNO_3 溶液中的原生质体体积变化曲线时,我却不理解此曲线所表达的意义,在接下来本节内容的学习和做习题中我应该注意什么?怎样的方法才是更有效的呢?希望老师给予指导。

(三) 指向策略总结

除了知识梳理之外,学习策略的梳理也是"学后反思"关注的重要方面。指向策略总结的反思支架可以参考各学科《课程标准》的相关说明,以英语学科为例,根据《普通高中英语课程标准》(2017 年版本),高中英语学习策略包括认知策略、调控策略、交际策略、资源策略。教师可以根据以上学习策略设计一些具体问题,引导学生进行反思,见表1-3-6。

表1-3-6 学习策略梳理问题支架

学习策略	问 题 支 架
认知策略	我是否能够借助联想建立相关知识之间的联系?
	我是否能够利用推理、归纳等逻辑手段分析和解决问题?
	我是否能够抓住重点,做好笔记,对所学内容进行整理和归纳?
	我是否能够借助情境和上下文猜测词义或推测段落大意?
	我是否能够借助图表等非语言信息进行理解或表达?
调控策略	我是否能够根据需要制定英语学习的计划?
	我是否能够主动拓宽英语学习渠道,创造和把握学习英语的机会?
	学习中遇到困难时,我是否知道如何获得帮助?
	我是否能够与教师或同学交流学习英语的体会和经验?
	我是否能够评价自己学习的效果,总结有效的学习方法?
交际策略	我是否能够积极用英语与同学进行交流与沟通?
	我是否能够善于借助手势、表情等非语言手段提高交际效果?
	我是否能够善于克服语言障碍,维持交际?
	我是否能够善于利用各种机会用英语进行真实交际?
	我是否能够在交际中注意并遵守英语交际的基本礼仪?
资源策略	我是否能够通过图书馆、计算机网络、MP3、MP4、广播、电台、电视等资源获得更广泛的英语信息,扩展所学知识?
	我是否能够选择适合的参考书和词典等工具辅助英语学习?

以上是高中英语学科关于学习策略的精细化反思提问,其它学科可以根据本学科特点设计指向学习策略的支架问题,帮助学生总结和提炼自身的学习策略,提升迁移能力。

(四)指向知识创新

指向知识创新的反思支架应关注经验分享和知识创造,较常见的有对一道题的独特解法,对一个问题发表的独到观点,以及小论文、小制作、小发明等。经常分享或倾听同伴的见解,能够促进多元思维的发展,提升学习力,愉悦身心,互补共赢。乐于分享、善于分享是一种优秀的学习品质,有助于实现个体经验向集体智慧的转化,建立起以知识和经验为纽带的"学习共同体"。此类支架可以通过反思指导语来设计,如:本单元学习中我有哪些新的经验、观点或成果可以与同学分享?

(五) 普适性反思指导语

除了以上四种有明确指向的反思支架外,还可以设计普适性的反思指导语,学生可以根据指导语的反思支架有选择地进行反思。如,通过本单元的学习,你学会了哪些核心知识?你能否用知识谱图或思维导图来呈现单元知识框架或知识联系?你是通过怎样的策略、方法学会本单元知识的?你对本单元知识还存在什么疑问和困惑?你需要老师提供什么样的帮助?你有什么好的经验、观点和成果可以和大家分享?请在以上问题中选择其中的几个觉得自己感悟较深的进行反思。

总之,教师的任务是为学生的"学后反思"提供适当的、有引领作用的反思支架。每个单元学习以后的反思支架可以根据单元内容的特点而有所侧重,突出反思的针对性和有效性。考虑到学生的个体差异,同样的内容学习学生的获得存在着差异,因此,反思支架应该具有一定的开放性,让学生选择其中对自己最有意义的问题进行反思,以避免泛泛而谈,真正实现思维的爬坡,让深度学习得以延续。(设计者:马伊雯,巴秋爽)

04 单元学历案的使用

运用单元学历案教学,师生都有一个适应过程,大概需要经历生疏、磨合、熟练三个阶段,在此期间,遇到的问题有不少。

一、单元学历案的五种误用

在单元学历案使用时常常会出现以下问题:一是把学历案当预习材料用。有的教师提前一天将学历案发给学生,要求学生将学历案上的内容全部预习一遍,能做的题都做好,导致课堂上许多学生没事情做,课堂学习变成了习题讲评,加重了学生的负担,这是违背学历案教学初衷的。二是把学历案当练习册用。课上,学生拿到学历案以后,只关注上面的练习,不关注教师精心设计的"学习进阶","用学历案学习"变成了"做学历案上的练习",将练习做完当作学习结束的标志,使得学历案的主要功能没有得到真正发挥。三是把学历案当作教案用。有的教师形式上用学历案教学,实际上把学历案晾在一边,依然制作了内容繁复的课件,并按照课件思路组织教学,形成了学历案与实际教学"两张皮",学历案成为一种摆设。四是有的教师没有指导和督促学生正确使用学历案,比如,学历案上的"学习目标""资源与建议"应该是在课的开头留一定时间让学生去阅读的,但是教师没有要求学生去阅读;学历案上的"留白"是供学生作答用的,由于教师缺乏指导和监控,部分学生一节课下来学历案上几乎没有留下多少学习痕迹。五是有"课时"无"单元",有的教师在教学时没有真正理解单元学历案的设计意图,只执行课时设计方案,忽视课时与课时之间的关联,使得学生的学习依然停留在"只见树木、不见森林"的状态,单元素养目标难以达成。

二、单元学历案的使用建议

针对上述"五种误用",结合我们在实践中获得的经验,归纳起来,有以下三条建议可供分享。

第一,关于课前单元学历案的发放。应当在单元学习开始前一次性将整个单元的学历案发给学生,让学生初步浏览整个单元的内容,建立单元学习的初步整体印象。不建议分课时下发,以免影响学生在本单元学习开始前对单元内容的整体感知。同时让学生明白本单元的学习任务,知道何时做什么、做成什么,也清楚何时不必做什么。此外,不要把学历案当作自学材料,除了教师规定的预习作业以外,其它内容不必提前自学,也不要提前做学历案中的练习等。

第二,关于课中学历案的使用。学生有了学历案之后的教学要解决好教师、学生两方面的问题。一是教师方面,教师不要把学历案当教案用,在学历案上已经清晰呈现的东西无需再另外设计课件去呈现,学历案课堂上使用的课件要与学历案形成互补。学历案打开了教师教学育人的"暗箱",是学生学习的扶梯,是学生进步的支架,是课堂互动的载体。教师应该按照学历案设计的思路和学习进阶组织教学,指导学生用好学历案,保证学生与"学历案"的充分互动。教师要转变角色,把自己当成"导游",把学生当成"游客",借助学历案,做学生学习的引导者、学习机会的分配者、学习信息的收集者、学习迷津的指点者、学习经验的创造者,从而让教学行为变得更加专业。教师还应该创新课堂用语,减少命令式、指示式语言,多用邀请式语言。比如,少说"请××同学发言",多说"谁已经有想法了,请发表""谁想与同学分享你的观点"等。再如,不说"没听懂的同学请举手,我再给你们讲一遍",可以说"谁还有什么问题需要和大家讨论吗"等。使学生切切实实地感到课堂是"学堂",是与大家交流想法与观点的场所,从而让质疑、争论、分享成为课堂的一种常态,全班同学成为一个共生共长的学习共同体。二是学生方面,学生应基于学历案,展开单元学习的全过程,积极完成学历案预设的各种学习任务,主动建构多样化的学习经验,通过做中学、说中学、悟中学、教中学(教授他人)来实现所期望的学习目标。尤其要用好"学后反思",形成知识图谱、关键能力、必备品格和价值观念,实现"教下去的是知识与技能,留下来的是核心素养"的目标。

第三,关于课后学历案的使用。学历案是教师对教材进行过教学化处理、为学生专门设计的"学材",比教材更容易读懂,而且还是学生学习真实轨迹的记录。如果仅仅是课上使用,课后就把它束之高阁,是一种极大的资源浪费。为此,我们建议教师要提醒学生养成整理学历案的习惯,使之成为自己的学习档案。档案的价值不仅在于保存信息,还在于档案的信息不断地被利用。教师要指导学生增强课后翻阅学历案的意识,不断温故知新,建立新旧知识的关联。课后使用学历案要做好以下几点:一是养成自主复习的习惯,将学历案作为复习资源,不断翻阅巩固已学知识;二是养成持续研究学历案上曾经做错的题的习惯,不断总结经验改进方法;三是将单元学历案变成个人的单元学习史,将教材的要点、教师的提示、作业与检测的典型错例、学习的困惑等所有单元学习信息,全部累积在整个单元的学历案上,做好自己的知识管理。

第二部分　单元学历案的学科示例

01 《红楼梦》整本书阅读

单元概览

一、你愿意接受挑战吗

《红楼梦》是中国古代小说艺术的一座高峰,位列中国古典四大名著之首,有着很高的文学、历史、文化价值。你所在的班级将在学校读书节期间举办"红学小型高端研讨会",请你在会上作10分钟的读书成果分享(内容可以是情节、人物等方面的研读心得,也可以是艺术手法上的探究成果),请准备好发言的文本与PPT上台发言,并接受老师或同学的质疑、讨论与评议。

"整本书阅读与研讨"作为一个"语文学习任务群",贯穿必修、选择性必修和选修三个阶段。其中,选择性必修和选修阶段不设学分,穿插在其他学习任务群中;必修阶段1个学分,教材中对应的是必修上册第五单元《乡土中国》整本书阅读和必修下册第七单元《红楼梦》整本书阅读。

"整本书阅读与研讨"任务群旨在引导大家通过阅读整本书,拓展阅读视野,建构阅读整本书的经验,形成适合自己的读书方法,提升阅读鉴赏能力,养成良好的阅读习惯,促进大家形成正确的世界观、人生观和价值观。因此,阅读整本书的定位是形成阅读习惯,建构阅读经验,促进表达交流。在学习本单元之前,同学们已经完成了必修上册第五单元《乡土中国》的整本书阅读与研讨,积累了一定的整本书阅读经验,但是长篇小说和学术著作的阅读方法存在很大不同。本单元的学习在阅读《红楼梦》、见识经典的同时,也将有助于大家建构长篇小说的阅读方法与经验。

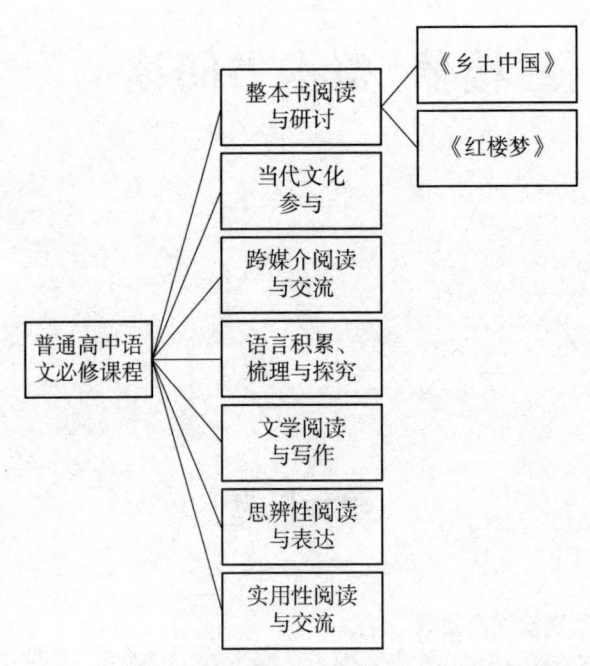

```
                              ┌─《乡土中国》─┐
                    ┌─整本书阅读─┤
                    │  与研讨   └─《红楼梦》──┘
                    │
                    ├─当代文化
                    │  参与
                    │
                    ├─跨媒介阅读
                    │  与交流
          ┌────────┐│
          │普通高中语├┼─语言积累、
          │文必修课程││  梳理与探究
          └────────┘│
                    ├─文学阅读
                    │  与写作
                    │
                    ├─思辨性阅读
                    │  与表达
                    │
                    └─实用性阅读
                       与交流
```

图 2-1-1　普通高中语文必修课程知识结构示意图

二、你需要学什么(见表 2-1-1)

表 2-1-1　本单元学习内容与课时安排

大任务	学习阶段	活动内容	指向学科核心素养	课时
你所在的班级将在学校读书节期间举办"红学小型高端研讨会",请你在会上作10分钟的读书成果分享	《红楼梦》导读	对《红楼梦》进行整体了解与阅读兴趣的激发	语言建构与运用 思维发展与提升 审美鉴赏与创造 文化传承与理解	1
	《红楼梦》自主阅读	每周阅读3—4回(80回本),历时大约一学期(包括寒暑假)。过程中以"周阅读单"(见后)进行跟踪、监控		/
		《红楼梦》阅读交流(从阅读中遇到的实际问题出发,释疑解惑)		2—3
	《红楼梦》专题探究	《红楼梦》情节赏析		3—4
		《红楼梦》人物赏析		
		《红楼梦》环境赏析		
		《红楼梦》诗词赏析		
		《红楼梦》主题探究		
	《红楼梦》阅读交流	建构自己的整本书阅读经验		2

三、你将学会什么

1. 通过查阅资料、分享交流等,了解《红楼梦》的价值,激发阅读《红楼梦》的兴趣。

2. 在"《红楼梦》周阅读单"的引导下,按照阅读计划,有步骤地阅读,养成阅读习惯,享受阅读带来的愉悦。

3. 参与小组合作探究,能从情节、人物、环境、诗词、主题等至少一个方面入手开展阅读鉴赏和梳理探究活动,体会《红楼梦》的艺术价值,增强文化自信。

4. 通过《红楼梦》整本书阅读,开展《红楼梦》专题读书会,了解阅读意图和阅读方法的多样性,体会阅读方式或风格的个性化特点,建构适合自己的整本书阅读经验。

四、给你支招

1. 作为流传近三百年的经典名著,《红楼梦》的版本众多,不同版本之间内容上会有一些差异,我们建议你选择中国艺术研究院红楼梦研究所校注、人民文学出版社 2008 年的版本。

2. 阅读《红楼梦》这样的"大部头",需要我们下决心,定计划。你可能需要整整一个学期甚至更长的时间来完成《红楼梦》整本书的阅读,建议你利用好老师推荐的"周阅读单"给自己一点压力和监管,或者和你的伙伴们结成阅读小组,互相督促,质疑探讨。

3. 在阅读《红楼梦》的过程中,我们不仅要"见识"经典本身,也应注重培养阅读文学经典的兴趣,建议你"不动笔墨不读书",摘抄精彩句段,作批注评点,画人物关系图,写人物评传等,借此养成良好的阅读习惯,积累自己的阅读经验。

4. 作为举世公认的中国古典小说巅峰之作,《红楼梦》的艺术成就和阅读价值体现在众多方面。有限的课堂学习也只能"弱水三千只取一瓢饮",建议你在读完了《红楼梦》整本书之后,从情节、人物、环境、诗词、主题等方面择其一二做出探究,进一步欣赏《红楼梦》的艺术特色。

5. 经典的构成除了文本本身,常常还包括了它在流传过程中形成的他人的解读与评述等相关文字。以下"红学"书籍可资阅读参考:《脂砚斋评石头记》、俞平伯《红楼梦辨》、王昆仑《红楼梦人物论》、周汝昌《红楼艺术》等。

学习进程安排

第一阶段 《红楼梦》导读

(安排1课时)

【学习目标】

1. 通过交流阅读情况与体验,形成自己的阅读期待,了解可能存在的阅读困难。

2. 通过同伴分享、查阅资料,初步了解《红楼梦》的"趣点",提升对《红楼梦》的阅读兴趣。

3. 通过查阅资料、内容梳理,初步了解《红楼梦》的版本,认识前五回在全书中的作用。

4. 借鉴常见的整本书阅读方法,初步制定《红楼梦》阅读计划。

【资源与建议】

1. 《红楼梦》是中国古典小说的巅峰之作,位居中国古典四大名著之首,有着丰富的思想内容、伟大的艺术成就和深远的文化影响,是我国古典文学史上的一朵奇葩。

2. 红学已成为一门显学,研究成果非常丰硕,有名的红学家如脂砚斋、胡适、俞平伯、周汝昌、吴世昌、王昆仑、冯其庸等等,但在初读时建议大家直接面对文本"裸读",可以及时记录自己的问题,在有了自己的心得后再参阅他们的研究成果。

3. 《红楼梦》篇幅巨大,人物众多,我们可以先从序言、目录读起,尤其作为章回体小说,它的回目好比是"眼睛",精炼地概括了书的主要内容,在阅读时要重视。

4. 初中已经接触了教材中的12本名著的"导读",积累了一定的整本书阅读经验,比如画人物关系图、情节曲线图、圈点批注法、摘录法、跳读法、问题探究法等,这些对于《红楼梦》整本书的阅读同样适用。

5. 大家还可以利用一些网络资源以增加对《红楼梦》的认识。

【评价任务】

1. 完成任务一中的活动2。(检测目标1)
2. 完成任务二。(检测目标2)
3. 完成任务三。(检测目标3)
4. 完成任务四。(检测目标4)

【学习过程】

课前完成阅读调查(确定你属于哪一类,按类填写):

1. 你没有读过《红楼梦》整本书,除了教材选文,你还从什么途径了解过《红楼梦》?对于《红楼梦》你最想了解的是什么?希望老师给你什么帮助?

2. 你曾经试图读《红楼梦》整本书但中途停止了,哪个版本?终止原因是什么?希望老师给你什么帮助?

3. 你已经读过《红楼梦》整本书,读过几遍?哪个版本?阅读动力是什么?印象最深的是什么?有什么阅读经验可以分享?还希望老师给你什么帮助?

任务一:交流《红楼梦》阅读情况与体验。(指向目标1,检测目标1)

活动1: 查阅关于《红楼梦》的文学常识,完成下面的填空:

《红楼梦》,_____代_____体长篇小说,又名_____、《金陵十二钗》、《金玉缘》等,被列为中国古典四大名著之首,一般认为前八十回是_____所著,后四十回是_____所著。

活动2: 分小组进行组内的调查统计,就阅读经历(遍次、版本、阅读动力、中断原因),内容体验(最想了解、最感困难、印象最深的内容),希望得到的帮助三方面分块整理,选代表在班上汇报交流。

任务二:阅读原著或查阅资料,和同学说一说《红楼梦》的"趣点"。(指向目标2,检测目标2)

提示:《红楼梦》的"趣点"很多,比如,人名地名的"谐音隐意",宝玉的"奇行怪谈",情节上的"草蛇灰线"等。

任务三：了解《红楼梦》的版本，梳理前五回的主要内容。（指向目标3，检测目标3）

活动1：有同学去新华书店买《红楼梦》，发现有的书只有原文，有的书上除了有原文，在一些空白处还有许多加注的小字（见图2-1-2）。假如他是一个初读者，请你为他解释并帮他挑选。

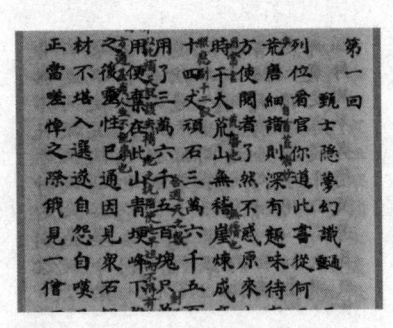

图2-1-2 评点本《红楼梦》第一回

提示：《红楼梦》版本分抄本和刻本两种。其中刻本是后来经程伟元、高鹗续作补编的120回本，共有程甲本、程乙本两个本子；抄本比较多，一般都有脂砚斋批语，而且都只有80回，提名《脂砚斋重评石头记》。甲戌本是目前找到的最早的脂评本，公认最接近原稿的本子，可惜仅存16回；庚辰本是比较完整的一个脂评本，我们推荐的中国艺术研究院红楼梦研究所校注、人民文学出版社的版本就是以此为底本，存78回，缺64、67两回；己卯本是残缺比较严重的一个脂本。以上三个为最主要的3个脂评本，也是新红学派所存在、发展的主要依靠。

活动2：前五回是全书的序幕和总纲，人物命运也都有了暗示，需特别重视；可以用表格形式进行梳理（见表2-1-2）。

表2-1-2 前五回内容梳理

回目	仙人仙物或神话故事	用意猜想	现实人物及事件	用意猜想
甄士隐梦幻识通灵 贾雨村风尘怀闺秀	①女娲补天，剩下此"通灵"石；②一僧一道携人入"温柔富贵之乡"；③空空道人，检阅《石头记》；④绛珠仙草"还泪"神瑛侍者	借石头交代本书特别之处，激发读者兴趣；暗含叙述者对主要人物命运的评价	①甄士隐恬淡出世；②穷儒贾雨村寄居葫芦庙；③贾雨村遇甄士隐、娇杏；④甄士隐元宵时失爱女；⑤甄士隐遭火灾后投奔岳丈，听《好了歌》后随道人而去；⑥贾雨村做了官	甄士隐的"梦"串起仙界和现实世界，过渡自然；暗含祸福无定数之意

(续表)

回目	仙人仙物或神话故事	用意猜想	现实人物及事件	用意猜想

任务四：初步制定《红楼梦》阅读计划。（指向目标 4，检测目标 4）

活动 1：说说常见的长篇小说阅读方法。

提示：长篇小说的阅读方法主要有画人物关系图、情节曲线图，表格梳理法，圈点批注法，跳读法，摘录法，问题探究法等。

活动 2：制定你的《红楼梦》阅读计划（包括阅读时间、内容、进度、方法、可利用的资源等）。

任务五：小结与反思。

通过本课的学习，你对《红楼梦》以及如何阅读《红楼梦》有了哪些新的认识和想法？请举例说明。

第二阶段 《红楼梦》自主阅读

（安排 2—3 课时开展阅读交流）

【阅读建议】

1. 自主阅读。每周阅读 3—4 回，过程中以"周阅读单"（见后）进行读书计划管理。

表 2-1-3 《红楼梦》周阅读单

阅读回目			
阅读时长		阅读日期	
我的主要收获是 (不少于 400 字)			
我最感疑惑的是			

参考评价维度：①阅读时间，分散优于集中；②阅读收获字数需达标，内容可以是精彩句段摘抄，主要内容提纲，对人物、情节等的思考，写作手法等的评价等；③能提出自己的阅读困惑。

2. 阅读交流。从实际问题出发，重在释疑解惑。可按以下流程开展：①交流周阅读单(如上表所示)；②提出阅读困惑；③分享阅读体验。

第三阶段 《红楼梦》专题探究

(读完《红楼梦》整本书之后，选择以下专题，安排 3—4 课时开展阅读探究)

第一专题 《红楼梦》情节赏析

【学习目标】

1. 根据《红楼梦》章节回目，了解整本书主要情节内容，整理情节主线的关键节点，树立长篇小说需要利用线索来提纲挈领的意识。

2. 通过细读《红楼梦》前五回，了解《红楼梦》情节安排的特点，感受经典作品情节结构的艺术美。

3. 学习运用圈点、评注等阅读方法，反复品读典型情节，理解典型情节在小说中的重要作用。

【资源与建议】

1. 本专题学习前需要储备鉴赏小说情节与结构的基本知识，要把情节发展与特定的场景、人物命运联系起来看，要关注细节与情节的关系。

2.《红楼梦》人物众多,情节巧妙,梳理其情节,尤其是细读作为整本书总纲的前五回,是后续探究性学习的基础。

3. 本专题将按以下流程进行:梳理情节脉络—合作探究前五回—聚焦重要情节—小结与反思。

4. 本专题的重难点是通过探究前五回内容,了解"草蛇灰线"的艺术方法。在通读整本书的基础上,树立前后关联的阅读意识,可以攻破这个重难点。

5. 你还可以通过网络等媒介查找资源,站在前人的肩上学习经典。

【学习过程】

任务一:梳理主线情节,整体把握《红楼梦》情节梗概。(指向目标1,检测目标1)

宝黛爱情既是整部《红楼梦》贾府兴衰史的重要线索之一,也是历来为后世传唱的爱情经典。某摄制组计划拍摄以《红楼梦》故事为底本的电影,现有两个计划,其中之一是拍摄名为《木石前盟》的小制作文艺片,主要讲述红楼故事中的宝黛爱情,下面(见表2-1-4)是从原著中挑出的回目组成的故事大纲。

表2-1-4 《木石前盟》故事大纲

情节	回目
(序幕)	第1回 甄士隐梦幻识通灵
开端	第3回 接外孙贾母惜孤女
发展	第23回 西厢记妙词通戏语 第24回 痴女儿遗帕惹相思 第37回 秋爽斋偶结海棠社 第57回 慧紫娟情辞试莽玉
高潮	第74回 惑奸谗抄检大观园 第75回 开夜宴异兆发悲音
结局	第98回 苦绛珠魂归离恨天
(尾声)	第120回 甄士隐详说太虚情

另一计划是拍摄一部大制作电影《红楼梦断》,故事的主线是讲述贾府的衰败过程,请你依照表2-1-4的模式,也从原书中挑选一些回目来组成故事大纲,完成表2-1-5。

表2-1-5 《红楼梦断》故事大纲

情节	回目
(序幕)	
开端	
发展	
高潮	
结局	
(尾声)	

任务二:合作探究前五回,领略小说情节安排的特点。(指向目标2,检测目标2)

《红楼梦》前五回是整部小说的序幕,也是"红楼故事"的总纲,为贾家及贾府中人的命运走向埋下伏笔。请研读小说前五回,特别是第五回,以小组合作的方式,完成以下活动。

活动1: 高鹗续书安排了"沐皇恩贾家延世泽"的情节,然而事实上,曹雪芹早已暗示了贾府的命运,你能找到蛛丝马迹吗?

活动2: 不仅整个贾府的命运早已安排,连其中的人物命运也早已确定,请按照示例,给下面人物和曲词之间连线。

宝玉	〔乐中悲〕
黛玉	〔晚韶华〕
宝钗	〔聪明累〕
探春	〔好事终〕
湘云	〔分骨肉〕
妙玉	〔世难容〕
迎春	〔虚花悟〕
惜春	〔恨无常〕
凤姐	〔喜冤家〕
巧姐	〔留余庆〕
李纨	〔终身误〕
可卿	〔枉凝眉〕

任务三：聚焦重要情节，反思情节发展的规律。(指向目标3，检测目标3)

小说的情节发展可以出乎意料，但一定要在情理之中。解读小说时，既要遵循基本的事理逻辑，也要关注情节发展的连贯性。

摄制组最终选定了拍摄《木石前盟》的计划。编剧将剧本大纲交给了导演，导演在要不要安排"黛玉临终"一幕时很是犹豫，担心会破坏了这个电影唯美的基调。你认为要不要安排这场戏？原因是什么？

活动1： 请你运用评点法、摘录法精读原著相关情节段落。

活动2： 请结合前一活动的阅读成果，从编剧的角度，写一段话，向导演陈述自己的观点和理由。

任务四：小结与反思。

回想自己学习小说情节设置上的收获或疑惑，归纳自己在阅读小说情节时获得的一些经验。

第二专题　《红楼梦》人物赏析

【学习目标】

1. 回顾小说人物分析的一般方法，并运用这些方法分析《红楼梦》中黛玉、宝钗及史湘云等主要人物形象,提升小说人物形象鉴赏的能力。

2. 通过对比阅读法、小组合作探究,品味曹雪芹塑造人物的技巧,加深对主要人物和次要人物的理解,提升文学审美趣味。

3. 以刘姥姥为例,借助小说人物分析的一般方法来分析《红楼梦》中的次要人物形象,并借助叙述视角的相关知识,理解小说次要人物对整部小说的重要作用。

【资源与建议】

1. 本节课学习前需要储备小说人物分析和叙述角度的基本知识。人物分析,既要关注对人物的正面描写(肖像、神态、语言、动作、心理等),也不能忽略侧面描写(对比、烘托等),要把人物放在情节、环境中理解。叙述视角,也称叙述聚焦,是指叙述中对故事内容进行观察和讲述的特定角度;同样的事件从不同的角度去看就可能呈现出不同的面貌,在不同的人看来也会有不同的意义。

2. 本专题主要涉及第四、六、三十三、三十四、三十九至四十二、一百十三等章回的内容。在具体语境中,结合贾府的兴衰命运,进行分析,是本专题探究学习的基础。

3. 本专题将按以下流程进行:分析主要人物性格特点—比较人物个性差异—分析次要人物的作用—小结与反思。

4. 你还可以阅读周汝昌先生的《红楼夺目红》、王昆仑的《红楼梦人物论》等,博采众论,个性化点评"红楼人物"。

【学习过程】

任务一:贴着人物品言行,把握主要人物性格特点。(指向目标 1,检测目标 1)

《木石前盟》开机在即,剧组为了票房考虑想做一次网络调查,问题是:"你最希望看到有关宝玉、黛玉和宝钗三位主要人物的哪场戏,并说说理由。"请填写调查问卷,完成表 2-1-6。

表 2-1-6 《木石前盟》剧组网络调查表

你最希望看到有关宝玉、黛玉和宝钗三位主要人物的哪场戏?		
相关回目	主要内容	选择理由(人物性格特点)
		宝玉
		黛玉
		宝钗

任务二：比较之中彰显个性，细品主要人物性格差异。（指向目标 2，检测目标 2）

同为大家闺秀，黛玉、宝钗、湘云三人的性格有很大的差异，如果要从这三个人物中挑选一名作为自己的同桌，你会挑选谁呢？请完成表 2-1-7，认真思考并做出选择。

表 2-1-7 黛玉、宝钗和湘云性格比较

人物	回目	场景/事件	人物性格	你的选择及原因
黛玉				
宝钗				
湘云				

任务三：特殊视角看贾家，探究"次要"人物刘姥姥。（指向目标 3，检测目标 3）

大观园已经落成，但是还没有一场戏能让小说中的众多主要人物在大观园中活动，既展现大观园内部细节从而窥见贾府的盛况，又能在环境中展现主要人物形象。副导演建议重点拍摄刘姥姥进大观园的戏，但导演还在犹豫。

请你以副导演的身份，运用人物分析的一般方法和叙述视角的知识，挖掘刘姥姥这个人物对塑造其他主要人物形象及暗示贾府盛衰的特殊作用，以此来说服导演。

任务四：小结与反思。

请回顾小说人物分析的方法，并运用这些方法赏析《红楼梦》中其他你感兴趣的人物。

第三专题 《红楼梦》环境赏析

【学习目标】

1. 在完成《红楼梦》整本书阅读的基础上，采用跳读法，用列表格的方式，梳理相关信息，深化对《红楼梦》时代背景的认识，并尝试探究时代背景与小说主题、人物和情节之间的关联。

2. 结合自己的读书笔记，通过资料查阅，了解《红楼梦》中体现的时代风俗和社会风貌，并能正确理解与评价这些内容所体现的社会环境，扩展文化视野。

3. 通过品读《红楼梦》中描写大观园园林的文字，分辨各处院落的自然环境特点，并通过小组合作探究，分析园林环境与小说情节、人物、主题的关系，领会小说中自然环境描写的艺术价值。

【资源与建议】

1. 环境是小说三要素之一。环境可以看成是情节发展、人物活动、主题呈现的舞台。小说环境包括社会环境和自然环境。自然环境主要是指人物活动的时间、地点、季节、气候及花鸟草虫等，社会环境主要是指人物活动的具体处所、时代氛围以及人际关系等。

2. 社会环境描写在小说中主要起到交代人物的生存环境、社会关系，交代作品的时代背景等作用，同时也可以表现人物性格、揭示主题等。自然环境描写在小说中的主要作用有：渲染气氛，奠定情感基调；烘托人物，暗示人物心境；推动情节发展等。

3. 赏析《红楼梦》的社会环境，重点是通过对社会环境的赏读、理解，深刻认识封建社会门第决定人生的特点，理解封建贵族家庭必然走向没落的命运;难点是从小说的细节描写中把握典型环境的特点,感受大厦将倾的时代氛围。

4. 长篇小说中的自然环境往往十分复杂多样,时间地域的跨度也非常大,要注意把握不同章节中自然环境与人物、情节和主题的关联。赏析《红楼梦》的自然环境,要从品读描写园林住宅环境的文字入手,感受古典园林建筑的审美艺术,理解园林环境与人物的形象、心境及命运之间的关系。

5. 可以参考《〈红楼梦〉中的建筑与园林》(百花文艺出版社)来加深对《红楼梦》典型环境的理解。

【学习过程】

任务一:探究《红楼梦》的时代背景。(指向目标1,检测目标1)

活动1:《红楼梦》第一回中有一段空空道人与石头的对话。在对话中,空空道人提出《石头记》"无朝代可考"的疑惑。石头对此的回答是"若云无朝代纪年可考,今我师竟假借汉唐等年纪添缀,又有何难?"

你读《红楼梦》的过程中有没有想过故事发生的时代背景呢?有人认为是封建王朝"由盛而衰"时期,也有红学家如周汝昌认为是"由衰而败"时期,你持何种看法呢?请仿照表2-1-8,采用跳读法,在小说中为你的观点寻找佐证。

表2-1-8 封建王朝"由衰而败"时期

回目	相关内容
第二回 贾夫人仙逝扬州城 冷子兴演说荣国府	如今这荣国两门,也都消疏了,不比先时的光景。
第五回 游幻境指迷十二钗 饮仙醪曲演红楼梦	王熙凤判词
……	

活动2:无论是"由盛而衰"还是"由衰而败",总而言之,曹雪芹没有把主要背景放在写繁荣、写兴盛上面。这样的社会环境和主题、人物、情节之间有何密切关联呢?

任务二：聚焦具体事件，了解时代风俗和社会风貌。（指向目标2，检测目标2）

活动1：《木石前盟》业已上映，上映第二天即有一些观众在微博上留言称影片的一些场景表现出的有关民俗文化不是很准确，网友们指出的问题主要集中在以下几个场景，你觉得这些场景的设计有问题吗？如果有的话请指出。

1. "黛玉进贾府"一场戏中，船在水中行，两岸风光美丽，弱柳之身的林黛玉独立船头，眼中闪着泪光。

2. 有一场端午节的戏，其中出现了斗百草、荡秋千等节目。

3. "元妃省亲"时，贾府众人恭迎元妃，男丁女眷分了两拨，站在大门两旁，跪拜中口呼"娘娘吉祥""千岁"。贾政见元妃后，十分动情，二人拉着手互诉父女之情。

4. 元妃刚刚薨逝，小太监立刻来传圣旨，传达了元妃的死讯，并将元妃的谥号告知。

活动2：分组从衣食住行等角度找一找小说中富有时代特色或体现传统文化的细节。

任务三：赏析大观园的自然环境。（指向目标3，检测目标3）

活动1：分辨大观园中不同的院落

《木石前盟》剧组美工正在为大观园摄制基地做最后的修饰，需要对照着原文描写，修饰每一个细节，下面有三段描写，你能帮剧组美工分辨下各是哪个院落吗？

语段一：

忽抬头看见前面一带粉垣，里面数楹修舍，有千百竿翠竹遮映。众人都道："好个所在！"于是大家进入，只见入门便是曲折游廊，阶下石子漫成甬路。上面小小两三间房舍，一明两暗，里面都是合着地步打就的床几椅案。从里间房内又得一小门，出去则是后院，有大株梨花兼着芭蕉。又有两间小小退步。后院墙下忽开一隙，得泉一派，开沟仅尺许，灌入墙内，绕阶缘屋至前院，盘旋竹下而出。（第十七回）

语段二：

只见许多异草：或有牵藤的，或有引蔓的，或垂山巅，或穿石隙，甚至垂檐绕柱,萦砌盘阶,或如翠带飘飘,或如金绳盘屈,或实若丹砂,或花如金桂,味芬气馥,非花香之可比。贾政不禁笑道:"有趣!只是不大认识。"有的说:"是薜荔藤萝。"贾政道:"薜荔藤萝不得如此异香。"宝玉道:"果然不是。这些之中也有藤萝薜荔。那香的是杜若蘅芜,那一种大约是茝兰,这一种大约是清葛,那一种是金䔲草,这一种是玉蕗藤,红的自然是紫芸,绿的定是青芷。想来《离骚》《文选》等书上所有的那些异草,也有叫作什么藿𦯉姜荨的,也有叫作什么纶组紫绛的,还有石帆,水松,扶留等样,又有叫什么绿荑的,还有什么月桕,蘼芜,风莲。如今年深岁改,人不能识,故皆象形夺名,渐渐的唤差了,也是有的。"(第十七回)

语段三:

说着,一径引人绕着碧桃花,穿过一层竹篱花障编就的月洞门,俄见粉墙环护,绿柳周垂。贾政与众人进去。一入门,两边都是游廊相接。院中点衬几块山石,一边种着数本芭蕉;那一边乃是一棵西府海棠,其势若伞,丝垂翠缕,葩吐丹砂。众人赞道:"好花,好花!从来也见过许多海棠,那里有这样妙的。"贾政道:"这叫作'女儿棠',乃是外国之种。俗传系出'女儿国'中,云彼国此种最盛,亦荒唐不经之说罢了。"众人笑道:"然虽不经,如何此名传久了?"宝玉道:"大约骚人咏士,以此花之色红晕若施脂,轻弱似扶病,大近乎闺阁风度,所以以'女儿'命名。想因被世间俗恶听了,他便以野史纂入为证,以俗传俗,以讹传讹,都认真了。"众人都摇身赞妙。(第十七回)

活动2: 把握园林环境和小说其它要素的密切关联。

请以小组为单位,就刚刚选择的这处园子,运用跳读法,在小说中寻找与之相关的情节,然后分析此处的环境在人物、情节、主题等方面起到了何种作用。

任务四:小结与反思。

学习了本课,你能说说《红楼梦》描写社会环境的主要特点吗?有人说,大观园中的自然环境设置为了迎合人物个性而显得太过刻意,对此,你怎么看?

第四专题 《红楼梦》曲词赏析

【学习目标】

1. 通过文本研习,小组合作探究,从意象、语言、手法等角度入手,了解红楼曲词的思想情感,感受红楼曲词的艺术魅力,提升审美情趣。

2. 通过跳读法、列表法整理红楼诗词在整部《红楼梦》中的作用,了解古典白话小说中善于嵌入诗词曲赋的写作特点,加深对传统小说的认识与理解。

【资源与建议】

1. 诗词曲赋是传统章回体小说的有机组成部分,主要作用有:暗示情节,建构作品;塑造人物,突显形象;描景状物,营造情境;评事论理,增趣添彩。这些诗词如果略去不看,常常不易把前后文弄明白,也不易把小说看得深入。

2. 在读传统小说中的诗词时要懂得鉴别,有些诗词只是简单交代人物形象,或是总结上文情节,艺术价值不大,看过即可;有些诗词却起着提纲挈领、暗示人物命运、推动情节发展的重要作用,需要反复揣摩品味。

3. 木心先生在《文学回忆录》中这样说:"《红楼梦》中的诗,如水草。取出水,即不好;放在水中,好看。"对于《红楼梦》中艺术价值特别高的诗词,建议大家摘录并且背诵。

【学习过程】

前备知识:熟悉《红楼梦》第五回和第三十七回,回顾高中古典诗歌鉴赏的相关知识。

任务一:朗读感受,对比梳理。(指向目标1,其中"活动1-2"检测目标1)

活动1:就以下四首诗词,先小组合作查准字音,疏通字词;再分别自由朗读;最后挑选自己最喜欢的一首在小组间朗读分享。体会诗词蕴含的古典美、情韵美。

好了歌

世人都晓神仙好,惟有功名忘不了! 古今将相在何方? 荒冢一堆草没了。

世人都晓神仙好,只有金银忘不了! 终朝只恨聚无多,及到多时眼闭了。

世人都晓神仙好,只有姣妻忘不了!君生日日说恩情,君死又随人去了。

世人都晓神仙好,只有儿孙忘不了!痴心父母古来多,孝顺儿孙谁见了?

枉凝眉

一个是阆苑仙葩,一个是美玉无瑕。若说没奇缘,今生偏又遇着他;若说有奇缘,如何心事终虚化?一个枉自嗟呀,一个空劳牵挂。一个是水中月,一个是镜中花。

想眼中能有多少泪珠儿,怎禁得秋流到冬尽,春流到夏!

咏白海棠

林黛玉

半卷湘帘半掩门,碾冰为土玉为盆。偷来梨蕊三分白,借得梅花一缕魂。月窟仙人缝缟袂,秋闺怨女拭啼痕。娇羞默默同谁诉?倦倚西风夜已昏。

咏白海棠

薛宝钗

珍重芳姿昼掩门,自携手瓮灌苔盆。胭脂洗出秋阶影,冰雪招来露砌魂。淡极始知花更艳,愁多焉得玉无痕?欲偿白帝宜清洁,不语婷婷日又昏。

活动 2:结合已经学过的古诗鉴赏知识,就以上四首诗词从形象、艺术手法、思想情感等方面选取一个角度进行赏析,并与同学交流。

任务二:探究红楼曲词在小说中的独特价值。(指向目标 2,检测目标 2)

活动 1:《好了歌》出现在小说第一回,作用主要是"暗示情节,建构作品;评事论理,增趣添彩"。请以此为例,将上述其余三首诗还原到小说中仔细品读,并根据"资源与建议 1"的提示,完成表 2-1-9。

表 2-1-9 《好了歌》等四首诗作用分析

诗词	出现回目	主要作用
《好了歌》	第一回 甄士隐梦幻识通灵 贾雨村风尘怀闺秀	暗示情节,建构作品; 评事论理,增趣添彩
《枉凝眉》		
《咏白海棠》(林)		
《咏白海棠》(薛)		

活动2：

电影《木石前盟》前期拍摄已经结束，在后期制作阶段，制片人出于对影片票房的考虑，想让导演减掉电影中出现的吟诗作赋的情节，但导演却不想这样做。请你以导演的身份，从小说中选取某一处诗词曲赋，就其对人物、环境、情节或主题等方面的重要作用来说服制片人保留这些吟诗作赋的情节。

任务三：小结与反思。

通过这节课的学习，对于《红楼梦》中的古典诗歌，你有了哪些新的收获或困惑？有选择地找老师、同学交流，或查阅资料印证自己的收获，解答自己的困惑。

第五专题 《红楼梦》主题探究

【学习目标】

1. 通过头脑风暴、分类整理，进一步明确自己对《红楼梦》主题的理解。

2. 学习用跳读法、表格法等方法梳理主题相关的文本内容，学会紧贴文本探究主题。

3. 学习运用分类比较、绘矛盾曲线、问题探究等方法，深入探究小说的主题意蕴。

【资源与建议】

1. 主题是指文艺作品所要表现的中心思想，是作家对现实生活的认识、评价和理想的表现；对于小说而言，主题忌讳鲜明，且往往包孕于形象中，好的小说主题是丰富而多义的。

2. 《红楼梦》的主题历来众说纷纭，借鉴时应注意分类；我们要做主动的阅读者，敢于提出自己的观点，同时也要注意紧扣文本，言之有据。

3. 小说主题主要是通过塑造人物、展开情节、设置环境、选择叙述方式等来表现的,因此,《红楼梦》主题探究应注意关联、结合其他专题的学习成果,作为一个综合性问题来探究。

4. 可以参考叶朗的《〈红楼梦〉的意蕴》(选自《〈红楼梦〉十五讲》(北京大学出版社 2007 年版)、冯其庸《解读〈红楼梦〉》(选自《红楼梦学刊》2004 年第 2 辑)等来加深对《红楼梦》主题的理解。

【学习过程】

任务一:头脑风暴,分类整理。(指向目标 1,检测目标 1)

活动 1: 关于《红楼梦》的主题,学界历来有不同看法,正如鲁迅所说:"单是命意,就因读者的眼光而有种种,经学家看见《易》,道学家看见淫,才子看见缠绵,革命家看见排满,流言家看见宫闱秘事……"在你看来,《红楼梦》的主题是什么呢?整理小组内同学的所有观点,整合分类,以组为单位梳理呈现。

活动 2: 在上述"活动 1"的基础上,根据各自对主题的理解,参考以下分类,重新按类分组。

① 封建说:

② 宝黛爱情悲剧说:

③ 反映社会面貌和人情世态说:

④ 赞美女性说:

⑤ 美的悲剧说:

……

任务二:紧贴文本,探究主题。(指向目标 2,检测目标 2)

运用跳读法、表格法等方法。梳理所选主题相关的文本内容。

以"宝黛爱情悲剧说"为例,请完成表 2-1-10。

表 2-1-10　宝黛爱情悲剧说

回　　目	相关内容
第一回:甄士隐梦幻识通灵　贾雨村风尘怀闺秀	木石前盟
第三回:贾雨村夤缘复旧职　林黛玉抛父进京都	初次见面,一见钟情
……	

任务三：主题意蕴探究。（指向目标3，检测目标3）

活动1： 合作探究梳理出来的文本内容是如何表现主题的？

提示：①绘矛盾曲线；②寻找典型细节、重复细节；③分类比较等

以比较法为例，请完成表 2-1-11：

表 2-1-11　运用比较法分析宝黛爱情悲剧说

木石姻缘（细节）	金玉姻缘（细节）	主题意蕴
"既舍不得他，只怕他的病一生也不能好的了。若要好时，除非从此以后总不许见哭声，除父母之外，凡有外姓亲友之人，一概不见，方可平安了此一世。"	"等日后有玉的方可结为婚姻。"	
"这个妹妹，我见过！"	"姐姐这八个字，到真与我的是一对。"	
……	……	

活动2：《红楼梦》曾有过好几个书名——《石头记》《情僧录》《风月宝鉴》《金陵十二钗》等，你认为用哪个书名较好？结合你的主题探究，试说说理由，写一段话（200字左右）。

任务四：小结与反思。

通过这节课的学习，关于如何解读小说的主题你积累了哪些方法和经验？还有怎样的疑惑？

第四阶段　《红楼梦》阅读交流

（安排2课时）

【学习目标】

1. 通过各小组以情节、人物、环境、诗词、主题为探究内容的成果交流展示，加深对《红楼梦》这一经典的了解，丰富自己的阅读经验。

2. 积极参与此次研讨会，学习吸收或评论别人的观点，清楚地陈述自己的观点，并努力使之有说服力。

3. 经过整本书阅读，了解阅读意图和阅读方法的多样性，体会阅读方

式或风格个性化的特点,逐步建构适合自己的整本书阅读经验。

【学习过程】

提示:

1. 完成《红楼梦》整本书阅读之后,各个小组已经准备好交流的文本材料和汇报用的 PPT。按探究小组分组围坐。本次活动的主持由语文课代表担任。每个小组推荐一个同学作为评价员,评价员按标准,评出其它 5 个小组的文本、PPT 与汇报和答疑的成绩。教师对每个小组按标准打分。小组成绩=(教师评分+5 位同学的评分)/6。

2. 研讨会程序:①主持人开场;②按"情节""人物""环境""诗词""主题"顺序汇报,时间限 10 分钟;③接受老师或同学的质疑、讨论与评议,报告人或同组的同学回应与补充,时间限 5 分钟;④小组汇报和讨论结束后,评价员独立评分;⑤老师点评与总结。

3. 小组评价:总分 30 分;小组的成绩就是每个成员的成绩。

评价标准见表 2-1-12、2-1-13:

表 2-1-12 《红楼梦》阅读成果评分表

小组		评价关注点及赋分	1组	2组	3组	4组	5组	教师
1	情节	按下表评价维度与赋分标准分别给其它小组打分						
2	人物							
3	环境							
4	诗词							
5	主题							

表 2-1-13 评价维度与赋分标准参照表

维度	关 注 点	20 分及以下	21—25 分	26—30 分
文本	符合规定字数;语句通顺;内容聚焦;观点与论据一致;观点有独创性……	达到一两点	介乎两者之间	至少达到四点
PPT	最远的同学也能看清楚;内容体现层次与结构;呈现的是要点;图片有辅助内容理解的作用;至多 15 张……	达到一两点	介乎两者之间	至少达到四点
汇报与答疑	最远的同学也能听清楚;面对听众表现出大方自信;能借助目光、表情、动作、体态等肢体语言;语音语调语速等合适;能倾听提问有针对性回答……	达到一两点	介乎两者之间	至少达到四点

任务一：主持人开场。

主持人简介此次研讨会的目的与意图，基本程序与要求，让所有参会人员了解此次研讨会的预设情况及各自的任务。

任务二：小组汇报。（指向目标 1 和 2，检测目标 1 和 2）

各组按以下程序进行：

1. 组长给每位同学分发小组研究报告(文本)；
2. 汇报员汇报(10 分钟)；
3. 答疑与讨论(5 分钟)；
4. 评价员独立打分。

任务三：点评与总结。（指向目标 3，检测目标 3）

阅读是不可教的，学生只有在阅读的过程中才能学会阅读。在本次《红楼梦》整本书阅读的过程中，你有没有发现自己的进步？理一理你的主要收获。

任务四：小结与反思。

从今天各个小组的汇报中，你学到了什么？对于整本书阅读，你积累了哪些经验？

设计者：

单元概览：蒋雅云　孟　翀

第一阶段：奚素文　薛　慧

第二阶段：孟　翀　蒋雅云

第三阶段第一专题：卢　娟　康连华

第三阶段第二专题：吴　俊　张秋红　卢　娟

第三阶段第三专题：高春妹　刘兰芬　朱瑜冬　孟　翀

第三阶段第四专题：王素芹　孟　翀

第三阶段第五专题：奚素文　高春妹

第四阶段：孟　翀　蒋雅云

02 函数的概念与性质

单元概览

一、你愿意接受挑战吗

嘉兴是鱼米之乡,淡水养殖业发达,若某淡水养殖场在甲地,某交易市场在乙地,甲乙两地相距 s 千米,汽车从甲地匀速行驶到乙地,速度不得超过 c 千米/小时,已知汽车每小时的运输成本(单位:元)由可变部分和固定部分组成:可变部分与速度 v(千米/小时)的平方成正比,且比例系数为 b;固定部分为 a 元。

若你是养殖户,请用函数的知识和方法来研究如何控制运输成本使你的获利最大化。

要解决以上问题,你知道需要做哪些知识准备吗?我们一起来了解一下本单元在必修Ⅰ中的地位与作用。(见图 2-2-1)

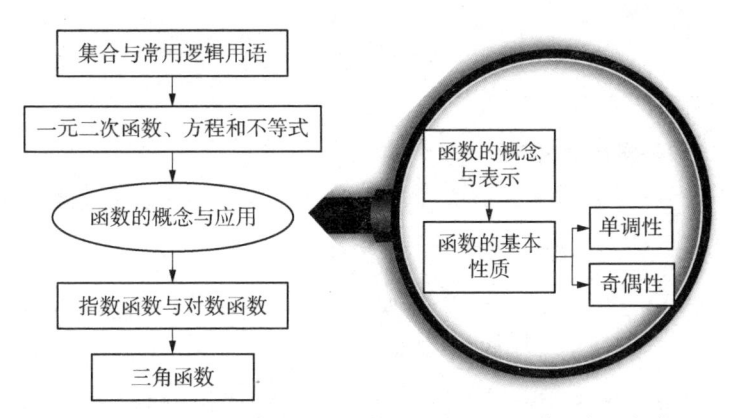

图 2-2-1 普通高中新教材数学人教 A 版必修 Ⅰ 知识架构

本单元是高中数学中函数知识的起始内容,初中所学的一次函数、二次函数和正比例函数是学习本单元的前备知识,学完本单元后,我们将继续学习指数函数、对数函数和三角函数。本单元将学的函数知识在知识理解、学习方法和思维方式方面与初中都有很大差异。"你愿意接受挑战吗?"中的实际问题可以帮助你了解本单元学习的意义。为了有利于同学将新旧知识建立关联,本单元在教学内容的组织上注重初高中知识的衔接,通过引入鲜活的生产、生活案例,展示数学在解决实际问题时的价值,并说明为了解决现实世界中不断出现的新问题,数学需要不断发展,人们的数学知识也需要不断拓展。在学习过程的设计上,坚持以学生为读者的立场,以"学会"为逻辑起点,确立学习目标,设计用于检测学习目标达成的评价任务。围绕每一条学习目标,精心设计问题串,引领同学探究知识背后的故事,知其然并知其所以然。学历案上预留的"空白"是供你学习时书写用的。学历案后面为每课时配置的作业与检测都是经过精选的,分 A 组和 B 组,其中 B 组题稍难些,是供你选做的。

二、你需要学什么(见表 2-2-1)

表 2-2-1 本单元学习内容与课时安排

大任务	课时内容	指向学科核心素养	课时
以"你愿意接受挑战吗?"提供的情境为背景,用函数知识和方法帮助嘉兴市渔业部门设计一项运输方案,以保障渔业养殖户的收益,促进养殖业的发展。	单元导学	—	1
	函数的概念	数学抽象	1
	函数的表示	数学抽象	2
	函数的单调性	逻辑推理、数学运算	2
	函数的奇偶性	逻辑推理、直观想象、数学运算	2
	单元小结与拓展学习	数学抽象、直观想象、逻辑推理、数学运算	2

三、你将学会什么

1. 经历由图形语言和自然语言到符号语言来刻画函数的过程,了解函数的三要素,掌握求简单函数定义域的方法,发展数学抽象素养。

2. 会选择恰当方法表示函数,通过实例了解简单的分段函数,能用分段函数解决简单的实际问题,增强数形结合思想。

3. 理解函数单调性、奇偶性的概念,会用代数法和图象法判断函数单调性、奇偶性,体会全称量词、存在量词等逻辑用语的作用,会用函数的单调性、奇偶性解决一些实际问题。

4. 经历由实际问题构建函数模型的过程,能根据函数的性质和函数模型来研究事物的变化规律。

四、给你支招

1. 函数是高中数学的重要内容,贯穿整个高中数学学习的全过程,也是高考的重点。相关的参考资料、习题比较丰富,许多网站上有关于函数的课件、视频和试题,教辅资料也比较多,可以供学习参考。

2. 函数学习需要从静态思维向动态思维转变,这是从初中到高中数学学习的重要转变。通过本单元的学习,你将体会到初中所学的函数概念、函数类型和函数图象等知识在解决实际问题时的局限性,感悟拓展学习函数知识、研究函数性质的必要性及其意义;区间概念的引入,能让你体会用区间表示数集在研究函数、不等式解集、解决实际问题时的优越性。本单元介绍研究函数的方法具有普适性,为我们提供了数学研究的一种思维模式。

3. 本单元的学习路径是:用代数运算和函数图象来揭示函数的主要性质,构建函数模型;根据函数的性质和模型来研究事物的变化规律。判断你是否学会的依据是能否熟练运用所学知识完成单元大任务及作业与检测中的习题。

4. 本单元的重点是:函数的概念与性质、函数最值的概念、几何特征和求法。难点是:函数的概念、函数单调性和奇偶性的证明以及函数的应用。

学习进程

第一课时　单元导学

【学习目标】

1. 通过实例认识重新定义函数概念的意义,感悟函数的普遍性和重要性,体会本单元内容在高中数学学习中的地位与作用。

2. 理解"区间""无穷大"的概念,会用区间表示集合,发展数学语言能力。

3. 结合实例了解本单元的知识体系、学习方法和注意事项,初步建构本单元的知识图谱,增强学习适应力。

【评价任务】

1. 完成任务一中的思考1-5,1-7。(检测目标1)
2. 完成任务二中的练习2-1。(检测目标2)
3. 完成任务三中的思考3-1,任务四中的思考4-1。(检测目标3)

【学习过程】

前备知识:初中函数的概念、一次函数、二次函数、正(反)比例函数及其图象。

任务一:重新认识函数。(指向目标1)

思考1-1:设汽车行驶的路程为 S 千米,速度为 v 千米/小时,时间为 t 小时。当 $v=80$ 时,路程 S 与时间 t 构成什么关系?请用代数式表示。

提示:在此,S 随 t 的变化而变化,现实世界中的许多运动变化现象都表现出变量之间的依赖关系,数学上,我们用函数模型来描述这种依赖关系,并通过研究函数的性质了解这种依赖关系的变化规律。

思考1-2:初中的"函数"定义是怎样表述的?

思考1-3:画出函数 $y=20x$ 的图象,并说明你的画法。

思考1-4:某书的单价是20元,买书的费用 y 元与书的数量 x 的函数关系是_____,画出该函数的图象。现在小明有345元,买书的方案有几种?

提示:思考1-4的函数图象用思考1-3的画法无法画,并且思考1-4用初中知识无法解决,所以需要学习新的知识。

例1 如图2-2-2,有一段长为12米的篱笆,要求靠墙围成一个矩形的养鸡场,假设墙的长度为5米,平行于墙的篱笆长为 x 米,养鸡场面积为 y 平方米。问:怎样建造使得养鸡场的面积最大?请说明理由。

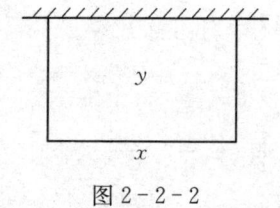

图2-2-2

提示：初中方法求二次函数最值是不需要考虑自变量取值范围的，但是，例1中自变量 x 的取值范围是有限制的，即 $0 < x \leq 5$，故按初中方法求得的最值可能不符合实际意义。在高中数学中，自变量的取值范围是函数概念的重要组成部分，我们需要用更高的观点来定义函数，这是高中数学要研究的问题。自变量的取值范围称为函数的"定义域"。通过例1我们发现函数的"定义域"会影响函数值的取值范围，即函数的"值域"，进而影响函数的最大值。

思考1-6：请在直角坐标系中画例1函数的图象，函数的最大值在何处达到？并谈谈通过以上学习，你对画函数图象有什么新的认识？（检测目标1）

提示：从思考1-5的函数图象中可以发现，当 x 在0到5之间变化时，函数的图象只是二次函数图象的一段，在这段图象上，y 随 x 的增大而增大，这种现象数学中称之为"单调递增"，有"单调递增"肯定有"单调递减"，这是函数的一种性质——**单调性**。我们还发现函数 $y = x^2$ 和 $y = \dfrac{1}{x}$ 的图象分别关于 y 轴和原点对称，这种对称现象是函数的另一种性质——**奇偶性**，函数的这两种性质在本单元中要学习的，都是高中数学要重点研究的内容。

阅读材料：SARS是2003年在世界范围内传播的一种传染病，SARS的爆发和蔓延，给我国的经济发展和人民生命安全带来了很大的影响，在疫情防控过程中，我们认识到定量研究传染病的传播规律为预测和控制传染病蔓延创造条件的重要性。图2-2-3是科学家研究的SARS传播规律变化的函数图象。2003年全国大学生数学建模竞赛就以"SARS的传播"为题，要求参赛者建立一个能够预测并能为预防和控制提供可靠、足够的信息的数学模型。利用该模型，可根据提前或延后5天采取严格的隔离措施对疫情传播所造成的影响进行估计。

2020年，COVID-19疫情在全球100多个国家相继蔓延。在这场没有硝烟的战争中，全国上下众志成城、齐心抗疫，钟南山、李兰娟等院士专家团队，依据SARS研究的经验和SIR模型分析，预测了疫情可能出现的**高峰**和**拐点**的时间，为国家制定有效的防控措施提供了科学依据。

图 2-2-3

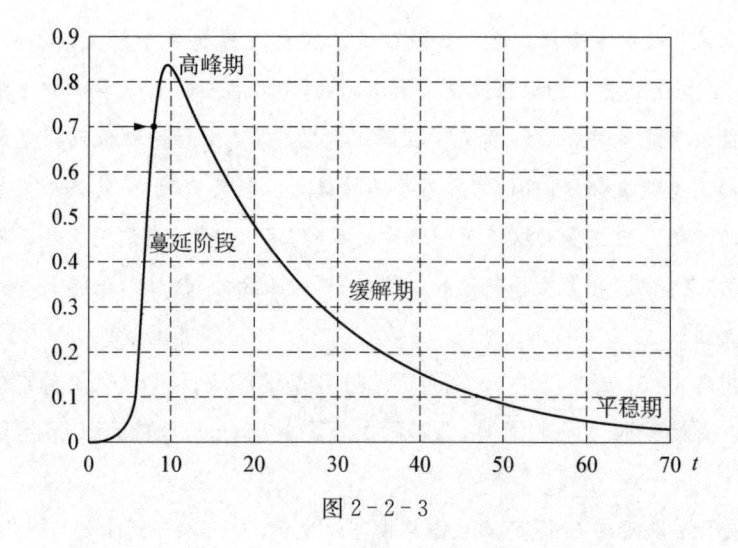

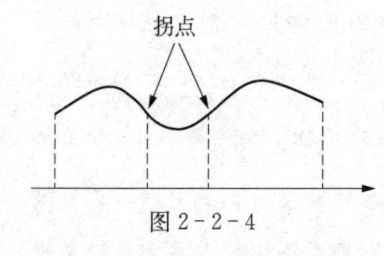

图 2-2-4

提示：所谓疫情"**高峰**"，数学上是指函数的最大值点；所谓疫情"**拐点**"，是指病例曲线在拐点后继续上升但增速缓慢，然后到达最高点开始下降（见图 2-2-3），这与数学上的"拐点"意思是一致的，即指改变曲线向上或向下方向的点（即曲线的凹凸分界点）（见图 2-2-4），这些知识在我们接下来数学学习中会遇到。

例 2 为稳定房价，某地政府决定建造一批保障房供给社会。计划用 1600 万元购得一块土地，在该土地上建造 10 幢楼房的住宅小区，每幢楼的楼层数相同，且每层建筑面积均为 1 000 平方米，每平方米的建筑费用与楼层有关，第 x 层楼房每平方米的建筑费用为 $(50x+800)$ 元。其中，每平方米平均综合费用 $=\dfrac{\text{购地费用}+\text{所有建筑费用}}{\text{所有建筑面积}}$。

问要使该小区楼房每平方米的平均综合费用最低，应将这 10 幢楼房建成多少层？此时每平方米的平均综合费用为多少元？

思考 1-6：例 2 中，请报告你列出的函数关系式，用初中学过的知识能求解吗？

提示：此例中的"双勾"函数初中没有学过，在高中数学新教材人教 A 版必修 I 第 79 页和第 92 页有介绍，它是高中学习重要函数。

思考 1-7：请用 1 分钟时间与同学分享一下自己对本单元学习意义的认识。（检测目标 1）

任务二：认识区间概念。（指向目标 2）

例 3 中 x 的取值范围 $0 < x \leq 5$ 用集合来表示为：_____；集合还可以用区间来表示。

例 3 设 $a, b \in \mathbf{R}$，且 $a < b$，完成下列表格，将集合用区间来表示。

集合表示	区间表示	区间名称	数轴表示
$\{x \mid a \leq x \leq b\}$			
$\{x \mid a < x < b\}$			
$\{x \mid a \leq x < b\}$			
$\{x \mid a < x \leq b\}$			
$\{x \mid x \geq a\}$			
$\{x \mid x < b\}$			

练习 2-1：求下列不等式的解集，并用区间表示。（检测目标 2）

(1) $4x^2 - 4x > 15$； (2) $-x^2 + x + 2 > 0$.

任务三：了解本单元的知识框架。（指向目标 3）

1. 知识结构：

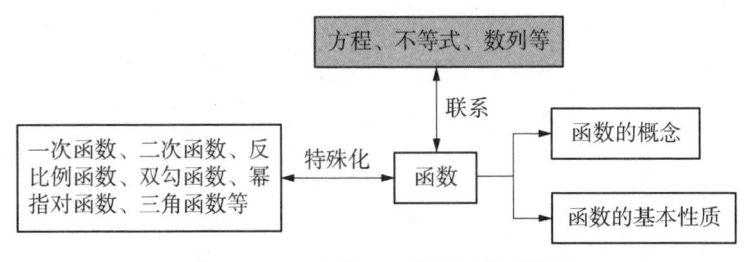

图 2-2-5 必修 1 函数知识体系图示

提示："函数"是高中数学中起联接和支撑作用的主干知识，也是进一步学习高等数学的基础，其观点、知识、思想方法贯穿于高中代数的全过程，同时，也应用于立体几何、解析几何问题的解决。函数与代数式、方程、不等式、数列等内容联系非常密切。研究函数性质是为了解决变化趋势、对称性、最大(小)值等问题。

2. 单元大任务：

学完本单元后大家要去做一件事：完成"单元概览"中表格1的"大任务"。

3. 育人意义：本单元学习对发展数学抽象、逻辑推理、直观想象、数学运算等核心素养有重要意义。如图2-2-6所示。

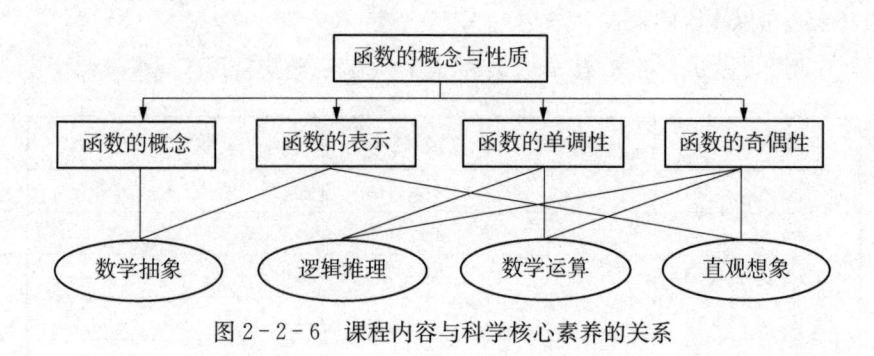

图2-2-6 课程内容与科学核心素养的关系

思考3-1：你是否明确本单元要学习的内容？请画出本单元的知识图谱。(检测目标3)

任务四：了解本单元的思想方法。(指向目标3)

1. 思想方法：本单元学习常用的方法有：数形结合，分类讨论和类比。研究函数性质时，可以从"形"的角度去研究，借助函数图象，用"形"来解释"数"，比较直观；也可从"数"的角度去研究，通过了解函数关系式的特征和运算，用"数"来分析"形"，推理严密，但比较抽象。数学的许多研究方法和程序有类似之处，如果研究了函数的单调性，那么函数的奇偶性可以通过类比函数的单调性来研究。

2. 注意事项：

(1) 要重视概念的理解。理解一个概念要做到"三会"：会表述、会举例、会判断。概念需要记忆，并能用自己的语言来表述。

(2) 要树立动态变化的观点。函数是描述数量间运动变化关系的，所以不能静态地看问题，要学会用动态的眼光去分析变化趋势，寻找变化规律。由于变化的情况常常具有不确定性，所以学习函数一定要注意分类讨论。

(3) 要强化"定义域"意识。定义域规定了所要研究函数的"边界"，用函数解决实际问题时定义域与"实际意义"密切相关,也是进行结果检验的依据。

(4) 要善于接受新观点。比如,不等式解的表示,过去用集合,现在可以用区间,等等。

思考 4-1: 你是否已经清楚学习本单元将用到哪些方法,注意事项是什么?(检测目标 3)

任务五:小结与反思。

1. 通过本节课的学习,你对数学学习的意义有何新的认识?
2. 通过本节课的学习,你对如何学好数学有何新的感悟?请举例说明。

第二课时　函数的概念

【学习目标】

1. 通过三个具体实例,感受现实生活中变量之间的依赖关系,能用数集对应的观点理解函数的概念,了解函数的"三要素",能结合实例说出定义域、值域和对应关系,发展数学抽象思维。

2. 能根据给定的函数解析式及自变量计算函数值,会求简单函数的定义域和值域。

3. 探索具体函数是否相等的条件,会判断两个具体函数是否相等,提高分析问题、解决问题的能力。

【评价任务】

1. 完成任务一中的练习 1-1,1-2,1-3。(检测目标 1)
2. 完成任务二中的练习 2-1,2-2。(检测目标 2)
3. 完成任务二中的例 3,思考 3-1。(检测目标 3)

【学习过程】

前备知识:

初中函数的概念:在一个变化过程中,如果有两个变量 x 和 y,并且对

x 的每一个确定值,y 都有唯一的确定值与其对应,我们就把 x 称作自变量,y 称作因变量,y 是 x 的函数。

任务一：从数集对应的角度来给函数下定义。（指向目标1）

例1 阅读下列案例，完成后面的思考题。

【案例1】一枚炮弹发射后经过 26 s 落到地面击中目标。炮弹的射高为 845 m,且炮弹距地面高度 h（单位：m）随时间 t（单位：s）变化的规律是 $h=130t-5t^2$。

思考 1-1:

(1) 炮弹飞行时间 t 的变化范围集合 $A=$ _____,炮弹距地面高度 h 的变化范围的集合 $B=$ _____。

(2) 请说明炮弹距地面高度 h 与飞行时间 t 之间是如何建立对应关系的？

提示：本题需要思考三个方面：h 与 t 是根据怎样的规则构成对应关系的？每个时间点对应的高度值有何特点？t 的变化范围对 h 的变化范围有没有影响,怎样说明？

【案例2】近几十年来,大气层中的臭氧迅速减少,因而出现了臭氧层空洞问题。图 2-2-7 中的曲线显示了南极上空臭氧层空洞的面积从 1979—2001 年的变化情况。

图 2-2-7

思考 1-2: 类比思考 1-1,描述案例 2 中变量 s 与 t 之间是如何建立对应关系的？

提示：本题中的图象就是对应关系，换言之，本题是通过图象来建立对应关系的。

【案例3】国际上常用恩格尔系数 $r\left(r=\dfrac{\text{食物支出金额}}{\text{总支出金额}}\times 100\%\right)$ 反映一个国家和地区人民生活质量的高低，恩格尔系数越低，生活质量越高。表2-2-2是我国某省城镇居民恩格尔系数变化情况，从中可以看出，该省城镇居民的生活质量越来越高。（教材第61页问题4）

表2-2-2　我国某省城镇居民恩格尔系数变化情况

年份 y	2006	2007	2008	2009	2010	2011	2012	2013	2014	2015
恩格尔系数 $r(\%)$	36.69	36.81	38.17	35.69	35.15	33.53	33.87	29.89	29.35	28.57

思考1-3：类比思考1-1，描述案例3中恩格尔系数 y 与时间 t 之间是如何建立对应关系的？

提示：本题中的表格就是对应关系，换言之，本题是通过表格来建立对应关系的。

思考1-4：分析以上三个案例的变量有什么共同特点？能否用一种统一的方式来描述它们变量之间的关系？

_____

_____。

思考1-5：比较以上三个案例的共同特点与初中的函数概念，你能否从数集对应的角度，给函数重新下一个定义？（检测目标1）

_____

_____。

提示：函数的"三要素"：

1. 定义域是指：
2. 值域是指：
3. 对应关系 f：（有几种形式？）
4. 符号 $y=f(x)$ 表示函数，其中，$f(x)$ 表示 x 对应的函数值 y，而不是 f 乘以 x。

思考 1-6： 是否每个函数都有解析式？请举例说明。

练习 1-1： 请分别说出案例 1、案例 2、案例 3 中的函数的定义域和值域。（检测目标 1）

练习 1-2： 函数 $y = f(x)$ 的图象如图 2-2-8 所示，则其对应关系是_____，定义域是_____，值域是_____。（检测目标 1）

练习 1-3： 如图 2-2-9 所示，4 个图中能表示函数关系的有_____（填写图对应的字母）。（检测目标 1）

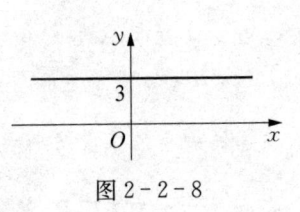

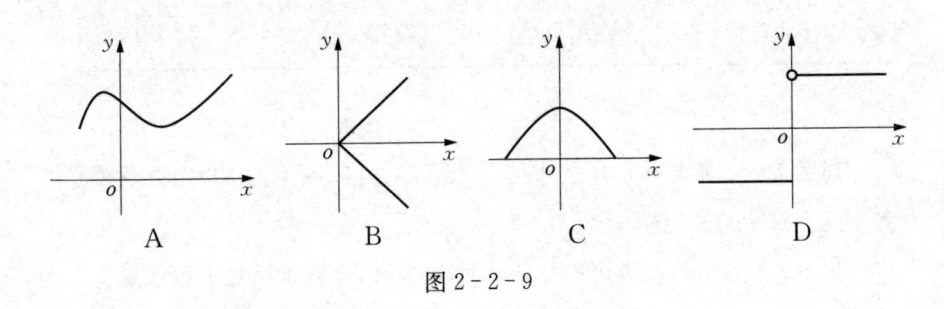

图 2-2-8

A　B　C　D

图 2-2-9

任务二：求函数值、定义域和值域。（指向目标 2）

例 2 已知函数 $f(x) = \sqrt{x+3} + \dfrac{1}{x+2}$。

(1) 求函数的定义域；

(2) 求 $f(-3)$，$f\left(\dfrac{2}{3}\right)$ 的值；

(3) 当 $a > 0$ 时，求 $f(a)$，$f(a-1)$ 的值。（指向目标 2）

思考 2-1： 请概括求函数定义域的一般方法。（指向目标 2）

_____。

练习 2-1： 已知函数 $f(x) = \sqrt{x-1} + 2$。

(1) 求 $f\left(\dfrac{3}{2}\right)$ 的值；

(2) 求函数的定义域和值域；

(3) 若以上函数中增加条件 $x \geqslant \dfrac{3}{2}$，求函数的值域。（检测目标 2）

练习 2-2：已知函数 $f(x)=-\dfrac{2}{x}$，求函数的定义域和值域。（检测目标 2）

任务三：探索函数相等的判定方法。（指向目标 3）

思考 3-1：根据函数的定义，如何判断两个函数是否相等？

思考 3-2：你能从函数的"三要素"角度来解释两个函数相等需要满足什么条件吗？

请给两个函数相等下一个定义：

_____。

例 3 下列函数中哪个函数与函数 $f(x)=x$ 相等？（检测目标 3）

(1) $f(x)=(\sqrt{x})^2$；   (2) $f(x)=\sqrt[3]{x^3}$；

(3) $f(x)=\sqrt{x^2}$；   (4) $f(x)=\dfrac{x^2}{x}$。

思考 3-1：你能归纳判断函数相等的一般步骤吗？（检测目标 3）

_____。

思考 3-2："对应关系完全一致"与"对应关系形式相同"的意思是否一样？（指向目标 3）

思考 3-3：两个函数相等的条件有没有必要加强为：定义域和值域都相等，且对应关系完全一致？为什么？（指向目标 3）

任务四：小结与反思。

1. 比较初中和高中函数的定义，谈谈你对函数概念的理解有何新的认识？

2. 假如你是老师，谈谈你怎样帮助一个对函数概念理解不清的同学很快理解？

3. 你还有什么问题，需要与大家一起讨论吗？

第三课时　函数的表示(1)

【学习目标】

1. 知道函数的三种表示方法(解析法、列表法、图象法),能根据不同的要求选择适当的方法表示函数,体会三种函数表示法的优点和不足,发展数学抽象素养。

2. 通过实例,了解分段函数的概念,会求简单分段函数的解析式、函数值,会画简单分段函数的图象,体会分段函数在生活中的应用。

3. 能运用简单的分段函数解决简单的实际问题,体会数形结合思想,发展直观想象素养。

【评价任务】

1. 完成任务一中的思考1-4,练习1-1。(检测目标1)

2. 完成任务二中的例2。(检测目标2)

3. 完成任务三中的思考3-1,练习3-1。(检测目标3)

【学习过程】

任务一:选择适当的方法来表示函数。(指向目标1)

例1　某种笔记本的单价是5元,买$x(x\in\{1,2,3,4,5\})$本笔记本需要y元。如何用解析法、图象法和列表法表示函数$y=f(x)$？(教材第67页例4)(指向目标1)

(1) 解析法:

(2) 列表法:

(3) 图象法:

思考1-1:检查你用解析法表示的函数是否符合函数的要求？若不符合,怎样改进？(指向目标1)

思考1-2:本题的函数图象和你以前遇见的函数图象有何不同？由此你对函数图象又有什么新认识？(指向目标1)

思考1-3:判断一个图象是不是函数图象的依据是什么？(指向目标1)

思考1-4：请从考查定义域、值域和对应关系的清晰度、直观性、求值方便的角度，比较函数三种表示法各自的优点和不足(填入下表)。(检测目标1)

表 2-2-3 函数三种表示法的优点和不足比较表

函数表示法	优点	不足
解析法		
图象法		
列表法		

练习1-1：请举出几个函数的例子，分别用不同方法来表示，并说明这样的表示具有优势。(检测目标1)

任务二：认识分段函数的概念及其图象。(指向目标2)

思考2-1：回答下列问题：(指向目标2)

(1) 你会画函数 $y=|x|$ 的图象吗？说说你的画法？

(2) 你能根据你的画法写出一个函数解析式吗？

思考2-2：已知函数 $y=f(x)$ 的图象(如图2-2-10所示)，你能写出 $f(x)$ 的解析式吗？(指向目标2)

提示：以上两例都是分段函数的模型。分段函数在定义域的不同子区间上，其解析式是不同的。需要注意的是一个分段函数表示的是一个函数，而不是多个函数。

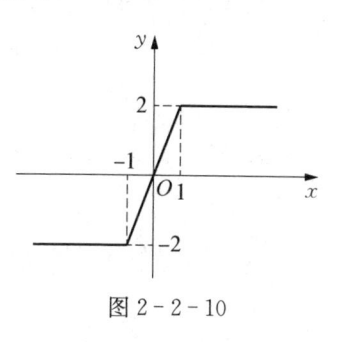

图 2-2-10

思考2-3：归纳分段函数的定义。

如果函数 $y=f(x)$ 的定义域为 A，根据自变量 x 在 A 中不同的_____，有着不同的_____，则称这样的函数为分段函数。(指向目标2)

例2 已知函数 $f(x)=\begin{cases} 2x+3, & x<-1, \\ x^2, & -1\leqslant x\leqslant 1, \\ x, & x>1 \end{cases}$，则 $f(1)=$ _____；

$f(-3)=$ _____；$f(f(f(-2)))=$ _____；函数 $f(x)$ 的定义域为

_____,值域为_____。(检测目标2)

任务三：用分段函数解决简单的实际问题。(指向目标3)

例3 某市"招手即停"城市旅游观光车的票价按下列规则制定：(1)乘车5千米以内(含5千米)，票价2元；(2)5千米以上，每增加5千米，票价增加1元(不足5千米按5千米计算)，如果某条线路的总里程为20千米，请根据题意，写出票价与里程之间的函数解析式，并画出函数的图象。(指向目标3)

思考3-1： 在用解析法和图象法表示上述分段函数时，应注意什么？(检测目标3)

练习3-1： 某质点在30 s内运动速度v(单位：cm/s)是时间t(单位：s)的函数，它的图象如图2-2-11所示。试用解析法表示这个函数，并求出9 s时质点的速度。(检测目标3)

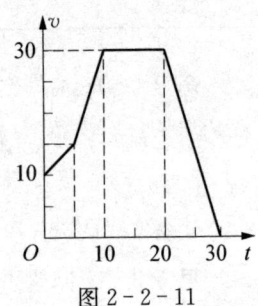

图2-2-11

任务四：小结与反思。

1. 通过本节课的学习，谈谈你是怎么认识函数的三种表示法的意义的？

2. 通过本节的学习，你觉得正确理解一个数学概念，必须做到哪三个"会"？

3. 通过本节课的学习，你觉得对哪些数学核心素养的养成有帮助？

第四课时　函数的表示(2)

【学习目标】

1. 根据实际情境选择合适的方法表示函数，理解函数图象的作用，增强发现问题、分析问题的能力。

2. 通过实例,加深对分段函数概念的理解与应用,提升逻辑推理、数学运算素养。

3. 能根据条件写出函数解析式,掌握求解函数解析式的一般方法,提升逻辑推理素养。

【评价任务】

1. 完成任务一的例1,思考1。(检测目标1)

2. 完成任务二思考2-2。(检测目标2)

3. 完成任务三的例4,思考3-1。(检测目标3)

【学习过程】

任务一:体悟函数图象的作用。(指向目标1)

例1 表2-2-4是某校高一(1)班三名同学在高一学年的六次数学测试的成绩及班级平均分表。

表2-2-4 三名学生六次数学测试成绩表

姓名	测试序号					
	第一次	第二次	第三次	第四次	第五次	第六次
王伟	98	87	91	92	88	95
张城	90	76	88	75	86	80
赵磊	68	65	73	72	75	82
班级平均分	88.2	78.3	85.4	80.3	75.7	82.6

请你对这三位同学在高一学年的数学学习情况做一个分析。(人教A版必修Ⅰ第69页例7)(检测目标1)

思考1: 请问你用的是什么方法?说明你的理由和分析结果。(检测目标1)

任务二:用分段函数来解决实际问题。(指向目标2)

例2 依法纳税是每个公民应尽的义务,个人取得的所得应依照《中华人民共和国个人所得税法》向国家缴纳个人所得税(简称个税)。2019年1月1日起,个税税额根据应纳税所得额、税率和速算扣除数确定,计算公式为：

$$个税税额 = 应纳税所得额 \times 税率 - 速算扣除数。①$$

应纳税所得额的计算公式为：

$$应纳税所得额 = 综合所得收入额 - 基本减除费用 - 专项扣除 -$$
$$专项附加扣除 - 依法确定的其他扣除。②$$

其中，"基本减除费用"（免征额）为每年 60 000 元。税率与速算扣除数见表 2-2-5。

表 2-2-5 税率与速算扣除数表

级数	全年应纳税所得额所在区间	税率(%)	速算扣除数
1	[0, 36 000]	3	0
2	(36 000, 144 000]	10	2 520
3	(144 000, 300 000]	20	16 920
4	(300 000, 420 000]	25	31 920
5	(420 000, 660 000]	30	52 920
6	(660 000, 960 000]	35	85 920
7	(960 000, +∞)	45	181 920

(1) 设全年应纳税所得额为 t，应缴纳个税税额为 y，求 $y = f(t)$，并画出图象；

(2) 小王全年综合所得收入额为 189 600 元，假定缴纳的基本养老保险、基本医疗保险、失业保险等社会保险费和住房公积金占综合所得收入额的比例分别是 8%、2%、1%、9%，专项附加扣除是 52 800 元，依法确定其他扣除是 4 560 元，那么他全年应缴纳多少综合所得个税？（人教 A 版必修 I 第 70 页例 8）（指向目标 2）

思考 2-1：请举例说明分段函数在实际生活的应用。（指向目标 2）

思考 2-2：分段函数的定义域、值域有何特点，在实际生活应用中需要注意什么？（检测目标 2）

任务三：求函数的解析式。（指向目标 3）

例 3 如图 2-2-12 所示，已知底角为 45° 的等腰梯形 ABCD，底边 BC

长为 7 cm,腰长为 $2\sqrt{2}$ cm,当垂直于底边 BC(垂足为 F)的直线 l 从左至右移动(与梯形 $ABCD$ 有公共点)时,直线 l 把梯形分成两部分,令 $BF=x$,试写出左边部分的面积 y 关于 x 的函数解析式,并画出函数的图象。(指向目标3)

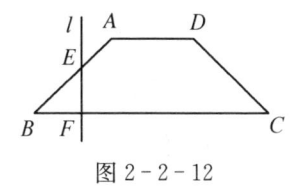

图 2-2-12

例 4 求下列函数的解析式:(检测目标3)

(1) 已知一次函数 $f(x)=ax+b(a\neq 0)$ 满足 $f[f(x)]=4x+3$,求 $f(x)$;

(2) 已知函数 $f(x)$ 满足 $f(3x+1)=9x^2-6x+5$,求 $f(x)$;

(3) 已知函数 $f(x)$ 满足 $2f\left(\dfrac{1}{x}\right)+f(x)=x(x\neq 0)$,求 $f(x)$。

思考 3-1: 例3、例4求解函数解析式分别用了什么方法?你还有需要补充的吗?(检测目标3)

任务四:小结与反思。

1. 通过本节课的学习,你对函数有何新的认识?
2. 通过本节课的学习,你对数学在生活中的应用有何新的认识?

第五课时 函数的单调性

【学习目标】

1. 通过观察具体函数图象,感悟增函数、减函数图象的"升""降"特征,会借助图象、表格、数学符号语言描述增(减)函数的自变量与函数值大小之间的关系,发展直观想象素养。

2. 能用自己的语言概括增(减)函数的定义,体会全称量词的作用,理解函数单调性的几何意义,提升数学抽象素养。

3. 会利用函数图象判断函数的单调性,找出函数的单调区间,发展直观想象素养。

4. 会用定义讨论和证明一些简单函数单调性,提升逻辑推理及数学运算素养。

【评价任务】

1. 完成任务一的思考 1-3,思考 1-4。(检测目标 1)
2. 完成任务二的思考 2-1,练习 2-1。(检测目标 2)
3. 完成任务三的例 1,思考 3。(检测目标 3)
4. 完成任务四的练习 4-1,例 3,练习 4-2。(检测目标 4)

【学习过程】

任务一:探索增(减)函数的本质。(指向目标 1)

思考 1-1: 画出一次函数 $f(x)=x$ 和二次函数 $f(x)=x^2$ 的图象,你能说出函数图象在不同象限内的变化趋势,以及变量 y 与 x 的关系吗?(指向目标 1)

提示: 函数图象的"上升""下降"反映了函数的一个基本性质——单调性,即单调递增和单调递减。

思考 1-2: 根据表格 2-2-6 中的数据,你能发现函数 $f(x)=x^2$ 图象的变化特征吗?(指向目标 1)

表 2-2-6 函数 $f(x)=x^2$ 的自变量与函数值对应表

x	…	-4	-3	-2	-1	0	1	2	3	4	…
$f(x)=x^2$	…	16	9	4	1	0	1	4	9	16	…

提示: 函数的单调性除了通过函数图象来直观感知,还可以通过变量分析来说明。

思考 1-3: 请指出在定义域内,函数 $f(x)=x^2$ 自变量与函数值大小之间的关系。

_____。(检测目标 1)

提示: 综上,描述函数的单调性可以通过图象、表格和语言三种不同的方式来描述,其中,语言分自然语言和符号语言,两种语言都很重要,要会将两种语言进行熟练转换。如:

自然语言: 在区间 $(0,+\infty)$ 上,当 x 增大时,相应的函数值 $f(x)$ 也随着增大,称 $f(x)$ 单调递增。

符号语言:任取 $x_1, x_2 \in (0, +\infty)$,当 $0 < x_1 < x_2$ 时,有 $f(x_1) < f(x_2)$,称 $f(x)$ 单调递增。

(指向目标1)

思考1-4:请分别用自然语言和符号语言说明函数 $f(x)$ 在区间 $(-\infty, 0]$ 上单调递减。(检测目标1)

思考1-5:函数在开区间 $(0, 5)$ 上单调递增,则在闭区间 $[0, 5]$ 上也单调递增吗?请说明理由。(指向目标1)

任务二:建构增(减)函数的概念。(指向目标2)

思考2-1:请结合图象,用符号语言分别给增函数、减函数下定义。(检测目标2)

增函数:_____

_____。

减函数:_____

_____。

练习2-1:设区间 $[0, 3]$ 是函数 $f(x)$ 定义域内的一个子区间,若 $f(1) < f(2)$,则函数 $f(x)$ 在区间 $[0, 3]$ 上是(　　)

A. 增函数 　　　　　B. 减函数

C. 不是增函数就是减函数　　D. 增减性不能确定

(检测目标2)

任务三:寻找函数的单调性区间。(指向目标3)

例1 图 2-2-13 是函数 $y = f(x)$,$x \in [-4, 7]$ 的图象,根据图象,说出函数的单调区间,以及在每一个单调区间上它是增函数还是减函数?(检测目标3)

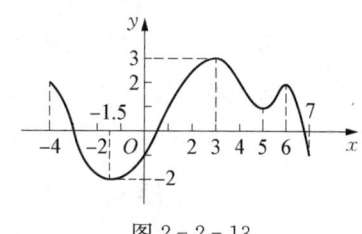

图 2-2-13

思考3:若一个函数在定义域内单调递增,则在定义域内的任意一个子区间上也单调递增吗?反之,结论还成立吗?为什么?由此你能总结出什么结论?

(检测目标3)

任务四：应用函数单调性解决具体问题。(指向目标4)

例2 证明函数 $f(x)=x^3$ 在 $(-\infty,+\infty)$ 上是增函数。(指向目标4)

练习4-1: 判断函数 $f(x)=-x^3+1$ 在 $(-\infty,+\infty)$ 上是减函数，并加以证明。(检测目标4)

例3 物理学中的波利尔定律 $p=\dfrac{k}{V}$ (k 是正常数)告诉我们,对于一定量的气体,当体积 V 减小时,压强 p 有何变化? 请证明你的结论。(检测目标4)

练习4-2: (检测目标4)

(1) 已知函数 $f(x)$ 在区间 $(0,+\infty)$ 上单调递减, a 为实数,则 $f(a^2-a+1)$ 与 $f\left(\dfrac{3}{4}\right)$ 的大小关系为_____,请说明理由。

(2) 函数 $f(x)=kx^2+(3k-2)x-5$ 在 $[1,+\infty)$ 上单调递增,则实数 k 的取值范围是(　　)

A. $(0,+\infty)$　　B. $\left(-\infty,\dfrac{2}{5}\right]$　　C. $\left[\dfrac{2}{3},+\infty\right)$　　D. $\left[\dfrac{2}{5},+\infty\right)$

(3) 若函数 $f(x)=\begin{cases}kx^2+(3k-2)x-5(x\geqslant 1),\\(k-1)x+k-4(x<1)\end{cases}$ 在 R 上单调递增,则实数 k 的取值范围是_____。

任务五：小结与反思。

1. 请归纳用定义证明函数单调性的一般步骤;

2. 请从函数单调性定义中找出你认为重要的关键词,这些关键词对你研究函数的单调性起到了什么作用?

第六课时　函数的最大值、最小值

【学习目标】

1. 通过观察具体函数图象,理解函数的最值,会用数学语言描述函数的最大值、最小值的概念,体会全称量词的作用,发展直观想象素养和数学抽象素养。

2. 经历从具体函数图象来求函数最值的过程,理解函数图象与函数最值的联系,提升直观想象素养。

3. 会利用函数单调性求最值,提升逻辑推理和数学运算素养。

【评价任务】

1. 完成任务 中的思考 1-2,思考 1-3,思考 1-4。(检测目标 1)
2. 完成任务二中练习 1,思考 2。(检测目标 2)
3. 完成任务二中的练习 2。(检测目标 3)

【学习过程】

任务一:探究函数最大(小)值的概念。(指向目标 1)

思考 1-1: 画出下列函数的图象,指出图象的最高(低)点,你能说出它能体现函数的什么特性吗?(指向目标 1)

① $f(x) = -2x + 1, x \in [-1, +\infty]$;

② $f(x) = -x^2$;

③ $f(x) = x^2 - 2x, x \in [-1, 2]$.

思考 1-2: 设定义域为 I 的函数 $y = f(x)$ 有最大值,你能给 $y = f(x)$ 的最大值下一个定义吗?(检测目标 1)

思考 1-3: 如果函数 $y = f(x)$ 对于定义域内的任意 x 都满足 $f(x) \leqslant M$,那么 M 一定是函数的最大值吗?(检测目标 1)

思考 1-4: 类比函数最大值的定义,请给出函数 $y = f(x)$ 的最小值定义。(检测目标 1)

任务二:尝试利用函数图象求最值。(指向目标 2)

例 1 "菊花"烟花是最壮观的烟花之一。制造时一般是期望在它达到最高点时爆裂。如果烟花在距地面高度 $h(\text{m})$ 与时间 $t(\text{s})$ 的之间的关系为 $h(t)=-4.9t^2+14.7t+18$,那么烟花冲出后什么时候是它爆裂的最佳时刻? 这时距地面的高度是多少(精确到 1m)? (教材第 80 页例 4)(指向目标 2)

练习 1: 已知函数 $f(x)$ 在 $[-2,2]$ 上的图象如图 2-2-14 所示。(检测目标 2)

(1) 函数 $f(x)$ 的最小值、最大值分别是 _____。

(2) 函数 $f(x)$ 在 $(0,2]$ 上的最大值是 _____,最小值是 _____。

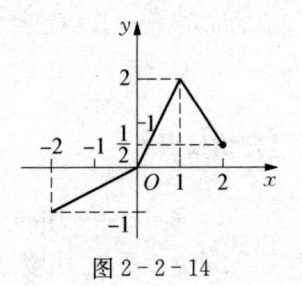

图 2-2-14

(3) 函数 $f(x)$ 在 $\left[\dfrac{1}{2},2\right]$ 上的最大值 _____,最小值 _____。

思考 2: 请你总结一下如何利用数形结合求函数在某区间上的最值? (检测目标 2)

任务三:探究利用函数单调性求最值。(指向目标 3)

思考 3-1: 已知函数 $y=f(x)$ 的定义域为 $[-4,6]$,$f(x)$ 在区间 $[-4,-2]$ 上单调递减,在区间 $(-2,6]$ 上单调递增,且 $f(-4)<f(6)$,能确定函数 $f(x)$ 的最小值和最大值吗? (指向目标 3)

例 2 已知函数 $f(x)=\dfrac{2}{x-1}$,求函数 $f(x)$ 在区间 $[-2,0]$ 上的最大值和最小值。(教材第 81 页例 5)(指向目标 3)

练习 2: 求函数 $f(x)=\dfrac{k}{x-1}(k\in\mathbf{R},k\neq 0)$ 在 $[-2,0]$ 上的最大值和最小值。(检测目标 3)

思考 3-2: 请归纳利用函数的单调性求最值的一般步骤。(指向目标 3)

任务四:小结与反思。

1. 请你归纳函数满足什么条件时可能存在最大(小)值?

2. 求函数在区间上的最大(小)值时要注意什么问题,举例说明。

3. 函数在定义域的子区间上的最大值 M 与定义域内的最大值有何关系,为什么?

第七课时 函数的奇偶性(1)

【学习目标】

1. 通过观察函数图象,认识函数图象的对称性特征,增强由函数图象信息获取函数性质的意识。

2. 能用自己的语言概括奇(偶)函数的定义,会用定义法、图象法判断函数的奇偶性,体会全称量词和存在量词的作用,感悟函数定义域关于原点对称与函数图象对称的关系,提升数学抽象素养和直观想象素养。

3. 会用函数的奇偶性解决简单的实际问题,发展逻辑推理和数学运算素养。

【评价任务】

1. 完成任务一的思考 1-7。(检测目标 1)
2. 完成任务二的思考 2-2,思考 2-3,思考 2-4,例 1。(检测目标 2)
3. 完成任务三的例 2,思考 3。(检测目标 3)

【学习过程】

任务一:分别从形与数的角度感知函数图象的对称性。(指向目标 1)

取一张纸,画上平面直角坐标系,并在第一象限内任画一个可作为函数图象的图形,然后以 y 轴为折痕将纸对折,并在纸的背面(即第二象限)画出第一象限内图形的痕迹,然后将纸展开,观察坐标系中的图形。

思考 1-1: (1) 若将第一、第二象限的图形看成一个整体,它可否作为某个函数的图象?

(2) 该图象具有什么特点?

(3) 在画第二象限图象的过程中,你有没有发现一些点的坐标存在着特殊关系? 若有,是什么关系? (指向目标1)

将以上对折后得到的图形,再以 x 轴为折痕将纸对折,在纸的背面(即第三象限)画出第二象限内图形的痕迹,然后将纸展开,观察坐标系中的图形。

思考1-2: (1) 若将第一、第三象限的图形看成一个整体,它可否作为某个函数的图象?

(2) 该图象有什么特点?

(3) 在画第三象限图象的过程中,你有没有发现一些点的坐标存在着特殊关系? 若有,是什么关系? (指向目标1)

思考1-3: 你能列举一个图象关于原点对称的函数吗? (指向目标1)

思考1-4: 一个函数图象经过怎样的变化可以得到一个与它关于原点对称的图象? (指向目标1)

思考1-5: 计算填表,分析表格数据,回答问题。(指向目标1)

x	-3	-2	-1	0	1	2	3
$y=x^2$							

x	-3	-2	-1	0	1	2	3
$y=\|x\|$							

思考1-6: 你会从表格数据入手分析函数 $y=x^2$ 和 $y=|x|$ 的图象特征吗?

提示: 从前面的分析得知,不同的函数,它们的图象可以有相同的对称性,故从图象对称性入手研究函数的特性,只要研究其中的一部分,另一部分可以通过对称很快得出结论。图象关于 y 轴对称的函数叫偶函数;图象关于原点对称的函数叫奇函数。

思考1-7: 你学过的函数中,哪些是奇函数,哪些是偶函数? 举例说明。(检测目标1)

任务二: 探究奇函数、偶函数的定义。(指向目标2)

思考2-1: 从 $y=x^2$ 的函数值对应表中,你能将自变量 x 的取值与函

数值 y 的情况用符号语言表述出来吗？(指向目标2)

思考 2-2：你能根据图象的特征，用符号语言给偶函数下个定义吗？(检测目标2)

思考 2-3：类比偶函数的定义，你能给奇函数下个定义吗？(检测目标2)

思考 2-4：你能从"形"或"数"的角度分析奇函数、偶函数定义域的特征吗？(检测目标2)

例 1 判断下列函数的奇偶性：(检测目标2)

(1) $f(x)=x^2+\dfrac{1}{x^2}$； (2) $f(x)=\sqrt[3]{x}$；

(3) $f(x)=\sqrt{x^2-1}$； (4) $f(x)=(x-1)\sqrt{\dfrac{x+1}{x-1}}$.

思考 2-5：判断函数奇偶性的一般步骤是怎样的？(指向目标2)

任务三：应用函数奇偶性解决简单实际问题。(指向目标3)

例 2 已知函数 $f(x)=x^3-3x$ 的一部分图象如图 2-2-15 所示，你能画出该函数的另一部分图象吗？(检测目标3)

思考 3 回答下列问题：(检测目标3)

(1) 定义域为 R 的奇函数，它的图象有何特征？用代数法如何描述你的结论？

(2) 定义域为 R 的偶函数有类似的结论吗？为什么？

图 2-2-15

(3) 有没有这样的函数，它既是奇函数又是偶函数的函数？若有，请举例说明。

任务四：小结与反思。

1. 请梳理本节课研究函数奇偶性的思维线索。

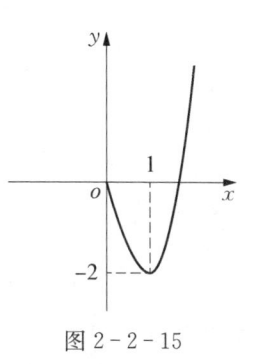

2. 请从奇(偶)函数的定义中找出你认为重要的关键词,这些关键词对你研究函数的奇偶性起到了什么作用?

3. 请画出判断函数奇偶性的一般流程图。

第八课时 函数的奇偶性(2)

【学习目标】

1. 通过梳理和练习,理解函数奇偶性的本质,会判断一些比较复杂的函数的奇偶性,会应用函数奇偶性解决简单的实际问题。

2. 经历由函数图象来研究函数的奇偶性、单调性的过程,体会数形结合的思想的作用,能综合应用函数的单调性、奇偶性知识解决实际问题,提升直观想象和逻辑推理素养。

【评价任务】

1. 完成任务一中的例1、例2,任务二中的例3。(检测目标1)

2. 完成任务三中的思考2-3,练习2,例5,思考2-4,练习3。(检测目标2)

【学习过程】

任务一:梳理函数奇偶性的知识,并用定义判定一个函数的奇偶性。(指向目标1)

思考1-1:奇函数、偶函数的定义域、图象分别有什么特征?(指向目标1)

练习1:根据图2-2-16思维线索,梳理定义法判定函数奇偶性的一般程序:(指向目标1)

思考1-2:已知定义域为整数集的函数 $f(x)$,满足 $f(-1)=f(1)$,$f(-2)=f(2)$,……,$f(-n)=f(n)$,则 $f(x)$ 是偶函数。以上结论是否正

图 2-2-16

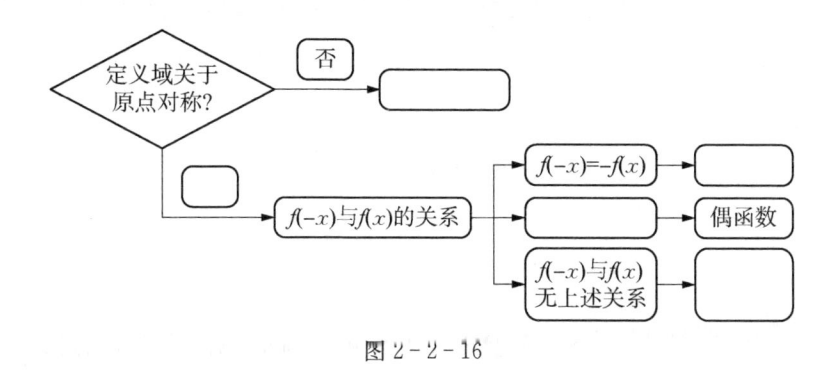

确？为什么？

思考 1-3：你还有其他判断奇偶性的方法吗？若有，请说明。（指向目标 1）

例 1 判断下列函数的奇偶性：(检测目标 1)

(1) $f(x)=|x+2|+|x-2|$；　　(2) $f(x)=|x+2|-|x-2|$；

(3) $f(x)=1$；　　(4) $f(x)=1+\dfrac{1}{x^2}$；

(5) $f(x)=\dfrac{|x+2|+|x-2|}{x}$.

思考 1-4：回答下列问题(指向目标 1)

(1) 由两个奇函数的和构成的新函数，它的奇偶性有没有变化？请证明你的结论。

(2) 由两个奇函数的积构成的新函数，它的奇偶性有没有变化？请证明你的结论。

(3) 由一个奇函数与一个偶函数的积构成的新函数，它的奇偶性有没有变化？请证明你的结论。

(4) 类似地你还会有哪些猜想？

例 2 函数 $f(x)$ 的定义域为 R，且对任意的 $x,y \in \mathbf{R}$，都有 $f(x+y)=f(x)-f(y)$，试判断它的奇偶性。（检测目标 1）

思考 1-4：通过例 2 的学习，你认为判断抽象函数的奇偶性应该从什么角度入手？在推理的过程中要解决什么问题？（指向目标 1）

任务二：综合运用函数的奇偶性知识解决实际问题。（指向目标 1）

例 3 （1）已知 $f(x)=ax^2+bx$ 是定义在 $[a-1, 2a]$ 上的偶函数，求 $a+b$ 的值；

（2）若函数 $f(x)=\dfrac{x+a}{x^2+1}$ 在定义域上为奇函数，求实数 a 的值。（检测目标1）

任务三：利用图象研究函数单调性、奇偶性，综合运用函数性质解决实际问题。（指向目标 2）

思考 2-1： 分别画出函数 $f(x)=x^2$ 与函数 $g(x)=\dfrac{1}{x}$ 的图象，通过观察函数图象，判断这两个函数的单调性及奇偶性。（指向目标2）

思考 2-2： 从图象中你能发现函数的奇偶性与单调性之间的关系吗？（指向目标2）

思考 2-3： 请归纳奇函数和偶函数的单调性的特点？（检测目标2）

例 4 已知函数 $f(x)$ 是定义在 $(-2, 2)$ 上的奇函数，且 $f(x)$ 是减函数，若 $f(m-1)+f(1-2m) \geqslant 0$，求实数 m 的取值范围。（指向目标2）

练习2： 定义在 $[-2, 2]$ 上的偶函数 $f(x)$，当 $x \geqslant 0$ 时单调递减，设 $f(1-m) < f(m)$，求实数 m 的取值范围。（检测目标2）

例 5 已知函数 $y=f(x)(x \neq 0)$ 是奇函数，并且当 $x \in (0, +\infty)$ 时是增函数，若 $f(1)=0$，求不等式 $f\left[x\left(x-\dfrac{1}{2}\right)\right]<0$ 的解集。（检测目标2）

思考 2-4： 若将例 5 中的"奇函数"改成"偶函数"，怎么解？（检测目标2）

练习3 已知定义域为 R 的函数 $f(x)$ 在 $(8, +\infty)$ 上为减函数，且函数 $y=f(x+8)$ 为偶函数，则（　　）（检测目标2）

A. $f(6)>f(7)$ B. $f(6)>f(9)$
C. $f(7)>f(9)$ D. $f(7)>f(10)$

任务四：小结与反思。

1. 通过本节课的学习,你对判断一个比较复杂的函数的奇偶性有何新的认识?

2. 你认为将奇偶性与单调性结合在一起研究可以解决哪些实际问题?请举例说明。

第九课时　单元小结与拓展学习(1)

【学习目标】

1. 通过对本单元的知识梳理,增进知识的结构化,感悟从特殊到一般的数学研究方法。

2. 通过函数知识的简单应用(判断、求值、证明),加深对概念的理解,体会数形结合思想。

3. 通过函数知识的综合应用,提高分析问题、解决问题的能力,发展逻辑推理和数学运算的素养。

【评价任务】

1. 完成任务二中的练习1,练习2-1,练习2-2,例3,练习2-3。(检测目标2)

2. 完成任务三中的练习3。(检测目标3)

【学习过程】

前备知识：函数的概念与性质

任务一：梳理本单元知识。(指向目标1)

1. 填表

	变量观点	集合对应观点
函数定义		
三要素、函数符号		
表示法		

2. 函数单调性的定义(用符号语言)

增函数：_____；

减函数：_____；

3. 函数奇偶性的定义(用符号语言)

奇函数：_____；

偶函数：_____；

一个函数为奇(偶)函数的必要条件：_____；

4. 提示：(填空)

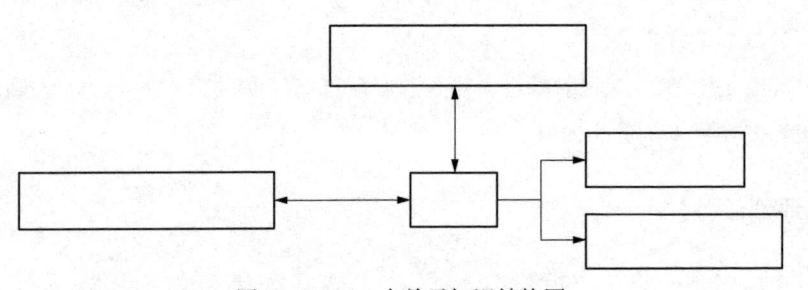

图 2-2-17　本单元知识结构图

研究函数性质的意义： 解决变化趋势、对称性、最大(小)值问题。

研究函数性质的路径：

几何直观(观察图象)→自然语言描述函数的图象特征→符号语言刻画相应的数量特征

任务二：应用函数概念、性质解决简单问题。(指向目标 2)

例 1　下列各组函数中，$f(x)$ 与 $g(x)$ 表示同一函数的是(　　)(指向目标 2)

A. $f(x)=x-1$ 与 $g(x)=\sqrt{x^2-2x+1}$

B. $f(x)=|x|$ 与 $g(x)=\dfrac{x^2}{|x|}(x\neq 0)$

C. $f(x)=x+1$ 与 $g(x)=\sqrt[3]{(x-1)^3}$

D. $f(x)=\dfrac{x^2-4}{x-2}$ 与 $g(x)=x+2$

练习 1：已知 a,b 为常数，若 $f(x)=x^2+4x+3$，$f(ax+b)=x^2+10x+24$，则求 $5a-b$ 的值。（检测目标 2）

例 2 已知函数 $f(x)=ax-\dfrac{3}{2}x^2$ 在 $\left[\dfrac{1}{3},+\infty\right)$ 上单调递减，又当 $x\in\left[\dfrac{1}{4},\dfrac{1}{2}\right]$ 时，$f(x)\geqslant\dfrac{1}{8}$，求 a 的值。（指向目标 2）

练习 2-1：若函数 $f(x)=a|x-b|+2$ 在 $x\in[0,+\infty)$ 上为增函数，求实数 a,b 的取值范围。（检测目标 2）

练习 2-2：判断函数 $f(x)=x-\dfrac{1}{x}$ 在 $(-\infty,0)$ 的单调性，并说明理由。（检测目标 2）

例 3 设 $f(x)$ 是 R 上的奇函数，且当 $x\in[0,+\infty)$ 时，$f(x)=x(1+\sqrt[3]{x})$，则当 $x\in(-\infty,0)$ 时 $f(x)=$ _____。（检测目标 2）

练习 2-3：判断函数 $f(x)=x-\dfrac{1}{x}$ 的奇偶性，并说明理由。（检测目标 2）

任务三：应用函数的概念、性质解决综合性较强的实际问题。（指向目标 3）

例 4 定义在 R 上的奇函数 $f(x)$ 满足 $f(x)=x^2-2(x>0)$，若 $f(a-2)\geqslant 0$，则 a 的取值范围是 _____。（指向目标 3）

例 5 已知函数 $f(x)$ 对一切实数 x,y 都有 $f(x+y)-f(y)=x(x+2y+1)$ 成立，且 $f(1)=0$。

(1) 求 $f(x)$ 的解析式；

(2) 已知当 $0<x<\dfrac{1}{2}$ 时，不等式 $f(x)+3<2x+a$ 恒成立，求实数

a 的取值范围。(指向目标 3)

练习 3: 已知二次函数 $f(x)=x^2+bx+c$ 的图象过点 $(1,13)$,且函数 $y=f\left(x-\dfrac{1}{2}\right)$ 是偶函数。

(1) 求 $f(x)$ 的解析式;

(2) 已知 $t<2$,$g(x)=[f(x)-x^2-13]\cdot|x|$,求函数 $g(x)$ 在 $[t,2]$ 上的最大值和最小值。(检测目标 3)

任务四:小结与反思。

1. 通过本节课的学习,你对掌握一个数学概念有何新的认识?

2. 举例说明,研究函数需要从何入手,要研究哪些内容,这些研究有何意义?

第十课时　单元小结与拓展学习(2)

【学习目标】

1. 会判断分段函数的奇偶性,提升推理论证能力。

2. 探究函数 $f(x)=ax+\dfrac{b}{x}(a>0,b>0)$ 的图象,增强应用函数性质构造图象的意识,提高证明过程中代数式变形的能力;增强分类讨论意识,发展逻辑推理素养。

3. 经历数学建模的过程,学会用函数性质和模型来研究事物的变化规律,发展数学建模和数学运算素养。

【评价任务】

1. 完成任务一中的例 1,任务二中的例 2。(检测目标 1)

2. 完成任务二中的练习 1。(检测目标 2)

3. 完成任务三练习 2。(检测目标 3)

【学习过程】

任务一：探究分段函数奇偶性的判定方法。（指向目标 1）

例 1 已知函数 $f(x)=\begin{cases} x(x-2), & x\geqslant 0, \\ -x(x+2), & x<0 \end{cases}$，判断 $f(x)$ 的奇偶性，并求 $f(3)$ 和 $f(-3)$ 的值。（检测目标 1）

任务二：利用函数性质分析函数的图象特征。（指向目标 2）

例 2 (1) 已知奇函数 $f(x)$ 在 $[a,b]$ 上是减函数，试问，它在 $[-b,-a]$ 是增函数还是减函数？

(2) 已知函数 $y=x^{-2}$，它在 $(-\infty,0)$ 上是增函数还是减函数？在 $[2,4]$ 上是增函数还是减函数？（检测目标 1）

思考 2-1: 已知函数 $f(x)=x+\dfrac{1}{x}$，你能画出它的函数图象吗？说说你的想法。（指向目标 2）

提示：要画一个比较复杂的函数图象，可以从函数的定义域、奇偶性、单调性的角度入手分析，搞清楚函数图象的结构与变化趋势，再画出几个关键的"点"，如函数零点、最值点、与坐标轴的交点等，最后画出函数图象。

思考 2-2: 用什么方法来寻找函数 $f(x)=x+\dfrac{1}{x}$ 的单调区间？

提示：设 $0<x_1<x_2$，判断 $f(x_1)-f(x_2)$ 差的符号。

思考 2-3: 你将 $f(x_1)-f(x_2)$ 差的代数式变形成什么形式？据此能判断代数式的符号吗？

思考 2-4: 猜想函数 $f(x)$ 的增减情况，并加以证明。

思考 2-5: 你觉得 $f(x)$ 的图象有渐近线吗？如果有，请指出渐近线的方程。

思考 2-6: 请画完整 $f(x)$ 的图象，并说说你的画法。

思考 2-7: 分别计算 $f(x)$ 在 $(0,+\infty)$ 上的最小值和在 $(-\infty,0)$ 上的最大值。

练习 1：证明"双勾"函数 $f(x)=ax+\dfrac{b}{x}(a>0,b>0)$ 在 $\left(0,\sqrt{\dfrac{b}{a}}\right)$ 单

调递减,在$(\sqrt{\frac{b}{a}}, +\infty)$上单调递增,求$f(x)$在$(0, +\infty)$上的最小值,并画出$f(x)$的大致图象。(检测目标2)

任务三：用数学建模思想探索"大任务"的解决方案。(检测目标3)

"**大任务**"：嘉兴是鱼米之乡,淡水养殖业发达,若某淡水养殖场在甲地,某交易市场在乙地,甲乙两地相距120千米,汽车从甲地匀速行驶到乙地,速度不得超过85千米/小时,已知汽车每小时的运输成本(元)由可变部分和固定部分组成：可变部分与速度v(千米/小时)的平方成正比,且比例系数为4;固定部分为32 400元。请你从函数的角度来研究和分析,如何来控制运输成本,使养殖户利益最大化。(检测目标3)

提示：假设运输成本为$f(v)$元,请按以下线索寻找"大任务"的解决方案。

思考3-1：怎样将上面的实际问题改写成数学问题？(已知什么,求什么)

思考3-2：能否将以上数学问题用一个函数模型来表示？

思考3-3：怎样求解以上数学模型？

思考3-4：你的求解结果是否符合实际意义？写出你的最后结论。(指向目标3)

思考3-5：如果将速度v改成"不得超过95千米/小时",结果有变化吗？(指向目标3)

思考3-6：你知道用数学建模求解实际问题的一般步骤了吗？(指向目标3)

练习2：(检测目标3)

为稳定房价,某地政府决定建造一批保障房供给社会。计划用1 600万元购得一块土地,在该土地上建造10幢楼房的住宅小区,每幢楼的楼层数相同,且每层建筑面积均为1 000平方米,每平方米的建筑费用与楼层有关,第x层楼房每平方米的建筑费用为$(kx+800)$元(其中k为常数)。经测算,若每幢楼为5层,则该小区每平方米的平均综合费用为1 270元。

$\left(\text{每平方米平均综合费用}=\dfrac{\text{购地费用}+\text{所有建筑费用}}{\text{所有建筑面积}}\right)$。

(1) 求 k 的值；

(2) 问要使该小区楼房每平方米的平均综合费用最低,应将这 10 幢楼房建成多少层? 此时每平方米的平均综合费用为多少元?

思考 3-7：如果将上题中的第(2)问改成"假如你是房地产开发商,你会怎样开发这片小区",怎么解?

任务四：小结与反思。

1. 通过本节课的学习,你对怎样比较便捷、正确地画出函数图象有何新的认识?

2. 通过本节课的学习,你是否清楚用数学模型解决实际问题时要经历哪几个步骤? 其中最容易疏忽的问题是什么?

3. 通过本单元的学习,你觉得自己在哪些数学核心素养方面有了提升?

作业与检测

第一课时

A 组

1. 某宾馆有 100 间相同的客房,经过一段时间的经营实践,发现每间客房每天的定价与住房率有如下关系：

每间房定价	100元	90元	80元	60元
住房率	65%	75%	85%	95%

要使每天的收入最高,每间房的定价应为(　　)

A. 100 元　　B. 90 元　　C. 80 元　　D. 60 元

2. 求下列不等式的解集,并用区间表示：

(1) $3x^2 - 7x \leqslant 10$；　　(2) $-2x^2 + 7x - 5 > 0$.

B 组

1. 一个车辆制造厂引进了一条摩托车整车装配流水线,这条流水线生产的摩托车数量 x(辆)与创造的价值 y(元)之间有如下的关系：$y = -2x^2 + 220x$. 若这家工厂希望在一个星期内利用这条流水线创收

6 000元以上,那么一个星期内大约要生产多少辆摩托车?

2. 某工厂生产甲、乙两种产品所得利润分别为P和Q(单位:万元),它们与投入资金m(万元)的有关系:$P = \frac{1}{2}m + 60$,$Q = 70 + 6\sqrt{m}$,今将200万元资金投入生产甲、乙两种产品,并要求对甲、乙两种产品的投入资金都不低于25万元。

(1) 设对乙种产品投入资金x(万元),求总利润y(万元)关于x的函数关系式及其定义域;

(2) 如何分配投入资金,才能使总利润最大,并求出最大总利润。

第二课时

A 组

1. 下列各组函数中,$f(x)$与$g(x)$表示同一函数的是( )

   A. $f(x) = x - 1$ 与 $g(x) = \sqrt{x^2 - 2x + 1}$

   B. $f(x) = x$ 与 $g(x) = \dfrac{x^2}{x}$

   C. $f(x) = x$ 与 $g(x) = \sqrt[3]{x^3}$

   D. $f(x) = \dfrac{x^2 - 4}{x - 2}$ 与 $g(x) = x + 2$

2. 下列哪些y是x的函数,为什么?

   (1) $f(x) = \sqrt{x - 2} + \sqrt{1 - x}$;

   (2) $f(x) = 1 (x \in \mathbf{R})$;

   (3) 某位学生的几次考试成绩情况如下:

序号x	1	2	3	4	5	6
成绩y	82	87	90	缺考	96	100

3. 求下列函数的定义域:

   (1) $y = \sqrt{x - 2} \cdot \sqrt{x + 5}$;   (2) $y = \dfrac{\sqrt{x - 2}}{|x| - 3}$.

B 组

1. 函数 $y = \dfrac{(x + 1)^0}{\sqrt{|x| - x}}$ 的定义域是_____。

2. 将 A 盒子中的所有乒乓球放入 B 盒子中，A 中的乒乓球和 B 中的格子都标有数字，可以把 A，B 看成两个非空数集，那么每一种放法是从 A 到 B 的一个函数吗？若是，写出两种放法，并写出值域。

第三课时

A 组

1. 购买某种饮料 x 听，所需钱数 y 元。若每听 2 元，试分别用列表法、解析法、图象法将 y 表示成 x（$x \in \{1, 2, 3, 4\}$）的函数，并指出函数的值域。

2. 下列表示函数 $y = f(x)$，则 $f(11) = ($ 　　 $)$

x	$0 < x \leqslant 5$	$0 < x \leqslant 5$	$10 \leqslant x < 15$	$15 \leqslant x \leqslant 20$
y	2	3	4	5

A. 2　　　　B. 3　　　　C. 4　　　　D. 5

B 组

1. 设 $f(x) = 2x + a$，$g(x) = \dfrac{1}{4}(x^2 + 3)$，且 $g(f(x)) = x^2 - x + 1$，则 a 的值为(　　)

A. 1　　　　B. -1　　　　C. 1 或 -1　　　　D. 1 或 -2

2. 某人驱车以 52 千米/时的速度从 A 地驶往 260 千米远处的 B 地，到达 B 地并停留 1.5 小时后，再以 65 千米/时的速度返回 A 地。

   (1) 将此人驱车走过的路程 S（千米）表示为时间 t 的函数；

   (2) 求到达距离 A 地 180 千米处所需要的时间。

第四课时

A 组

1. 设 $f(x) = \begin{cases} 1, & x > 0, \\ 0, & x = 0, \\ -1, & x < 0 \end{cases}$，$g(x) = \begin{cases} 1, & x \in Q, \\ 0, & x \in C_R Q \end{cases}$，则 $f(g(\pi))$ 的值为

(　　)

A. 1　　　　B. 0　　　　C. -1　　　　D. π

2. 已知函数 $f(x)=x^2+3x+1$, $f(f(1))=$ _____ ，若 $f(x)$ 的定义域为 $\{-1,0,1,2\}$，则值域为 _____ 。

3. (1) 已知 $f(x)$ 是一次函数，且满足 $2f(x+3)-f(x-2)=2x+21$，求 $f(x)$ 的解析式；

   (2) 已知 $f(x)$ 为二次函数，且满足 $f(0)=1$，$f(x-1)-f(x)=4x$，求 $f(x)$ 的解析式。

B 组

1. 集合 $A=\{1,2,3\}$，$B=\{3,4\}$，$f: A \to B$ 是从集合 A 到集合 B 的函数，且满足 $f(3)=3$，则这样的函数共有 (　　)

   A. 3 个　　B. 4 个　　C. 5 个　　D. 6 个

2. 已知集合 $A=\{1,2\}$，$B=\{1,2\}$，从集合 A 到集合 B 的函数 $y=f(x)$ 满足 $f(f(x))=f(x)$，则这样的函数有 _____ 个。

第五课时

A 组

1. 函数 $y=(2k+1)x+b$ 在 $(-\infty, +\infty)$ 上是减函数，则 (　　)

   A. $k>\dfrac{1}{2}$　　B. $k<\dfrac{1}{2}$　　C. $k>-\dfrac{1}{2}$　　D. $k<-\dfrac{1}{2}$

2. 函数 $y=\begin{cases} x, & x \geqslant 0 \\ x^2, & x<0 \end{cases}$ 的单调增区间为 _____；单调减区间为 _____ 。

3. 函数 $y=x^2+ax+7$ 在 $[1,+\infty)$ 上单调递增，则实数 a 的取值范围是 _____ 。

B 组

1. 设函数 $f(x)$ 与 $g(x)$ 的定义域为 R，且 $f(x)$ 单调递增，$F(x)=f(x)+g(x)$，$G(x)=f(x)-g(x)$。若对任意两个不相等的实数 x_1, x_2，不等式 $[f(x_1)-f(x_2)]^2>[g(x_1)-g(x_2)]^2$ 恒成立。则 (　　)

   A. $F(x), G(x)$ 都是增函数

   B. $F(x), G(x)$ 都是减函数

   C. $F(x)$ 是增函数，$G(x)$ 是减函数

   D. $F(x)$ 是减函数，$G(x)$ 是增函数

2. 已知函数 $f(x)=4x^2+kx+8$ 在区间 $[5,20]$ 上具有单调性,则实数 k 的取值范围是( )

   A. $(-\infty,-160] \cup [-40,+\infty)$
   B. $(-\infty,-80] \cup [-20,+\infty)$
   C. $(-\infty,40] \cup [160,+\infty)$
   D. $(-\infty,20] \cup [80,+\infty)$

第六课时

A 组

1. 如果二次函数 $y=x^2-(a-1)x+5$ 在 $(0,1)$ 上是增函数,求 $f(2)$ 的取值范围。

2. 已知 $f(x)=\begin{cases} x^2+3x, & x>0 \\ -x^2+3x, & x<0 \end{cases}$,则不等式 $f(x-2)+f(x^2-4)<0$ 的解集为( )

   A. $(-1,6)$ B. $(-6,1)$
   C. $(-3,2)$ D. $(-2,3)$

3. 某工厂 6 年来生产某种产品的情况是:前 3 年年产量的增长速度越来越快,后 3 年年产量保持不变,则该厂 6 年来这种产品的总产量 C 与时间 t(年)的函数关系图象正确的是( )

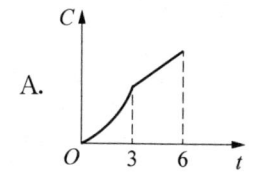

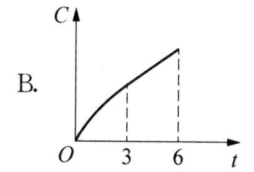

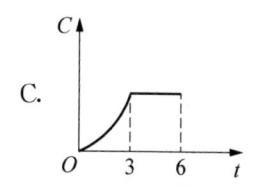

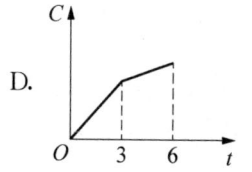

4. 已知函数 $f(x)=\dfrac{x-1}{x+2}$, $x\in[3,5]$,求函数 $f(x)$ 的最大值和最小值。

B组

1. 对任意的 $x_1, x_2 \in (a, b)$，且 $x_1 \neq x_2$，都有 $\dfrac{f(x_2)-f(x_1)}{x_2-x_1} > 0$ 成立，能否判断函数 $f(x)$ 在区间 (a, b) 上的单调性？

2. 对定义域分别是 D_f, D_g 的函数 $y = f(x)$，$y = g(x)$，规定函数：
$$h(x) = \begin{cases} f(x)g(x), & \text{当 } x \in D_f \text{ 且 } x \in D_g, \\ f(x), & \text{当 } x \in D_f \text{ 且 } x \notin D_g, \\ g(x), & \text{当 } x \notin D_f \text{ 且 } x \in D_g. \end{cases}$$
   (1) 若函数 $f(x) = -2x+3(x \geq 1)$，$g(x) = x-2(x \in \mathbf{R})$，写出函数 $h(x)$ 的解析式；
   (2) 求问题(1)中函数 $h(x)$ 的最大值。

第七课时

A组

1. 若函数 $f(x) = \begin{cases} 2x, & x \geq 0, \\ ax, & x < 0 \end{cases}$ 是偶函数，则 $a = $ _____。

2. 函数 $f(x)$ 是定义在 R 上的奇函数，当 $x > 0$ 时，$f(x) = x^2 + 1$，则 $f(-1)$ 等于（   ）
   A. 1   B. -1 C. 2   D. -2

3. 已知函数 $f(x) = |x+1| + |x-a|$ $(x \in \mathbf{R})$（a 是常数）的图象关于 y 轴对称。
   (1) 求 a 的值；
   (2) 设 $g(x) = f(x-t) - f(x+t)(t \neq 0)$，试判断 $g(x)$ 的奇偶性，并给出证明。

B组

1. 设函数 $f(x), g(x)$ 的定义域都为 R，且 $f(x)$ 是奇函数，$g(x)$ 是偶函数，则下列结论中正确的是（   ）
   A. $f(x)g(x)$ 是偶函数   B. $|f(x)|g(x)$ 是奇函数
   C. $f(x)|g(x)|$ 是奇函数   D. $|f(x)g(x)|$ 是奇函数

2. 已知定义在 R 上的函数 $f(x)$，给出下列三个命题：①若 $f(-2) = f(2)$，则 $f(x)$ 是偶函数；②若 $f(-2) \neq f(2)$，则 $f(x)$ 不是偶函数；

③若 $f(-2)=f(2)$，则 $f(x)$ 一定不是奇函数。其中正确的命题为 _____（用序号表示）。

第八课时

A 组

1. 已知函数 $f(x)$ 是偶函数，且当 $x \geqslant 0$ 时，$f(x)=x^2-2x$，则 $f(x)$ 的单调增区间为_____。

2. 下列函数中既是奇函数，又在定义域上为增函数的是（　　）

    A. $f(x)=3x+1$　　　　B. $f(x)=\dfrac{1}{x}$

    C. $f(x)=1-\dfrac{1}{x}$　　　D. $f(x)=x^3$

3. 偶函数 $f(x)$ 在 $(-\infty, 0)$ 上是增函数，则 $f(-2)$，$f(-1)$，$f\left(\dfrac{1}{2}\right)$，$f(3)$ 中最大的是（　　）

    A. $f(-2)$　　B. $f(-1)$　　C. $f\left(\dfrac{1}{2}\right)$　　D. $f(3)$

B 组

1. 已知函数 $f(x)=(x-a)(bx-2a)$（常数 $a, b \in \mathbf{R}$）是偶函数，且它的值域为 $(-\infty, 8]$，则 $a+b=$ _____。

2. 已知函数 $f(x)$ 是偶函数，且在 $(-\infty, 0)$ 上是减函数，判断 $f(x)$ 在 $(0, +\infty)$ 是增函数还是减函数？并证明你的判断。

3. 已知函数 $f(x)$ 是定义在 R 上的奇函数，当 $x \geqslant 0$ 时，$f(x)=\dfrac{1}{2}(|x-a^2|+|x-2a^2|-3a^2)$，若对任意 $x \in \mathbf{R}$，恒有 $f(x-1) \leqslant f(x)$，求实数 a 的取值范围。

第九课时

A 组

1. 已知函数 $f(x)$ 是定义域为 $\mathbf{R}$ 的奇函数，当 $x \geqslant 0$ 时，$f(x)=x(1-x)$。

    (1) 求函数的解析式；

    (2) 并画出它的图象；

(3) 求函数的单调区间;

(4) 求函数在 $\left[-\frac{1}{2}, \frac{5}{4}\right]$ 上的最大值和最小值。

2. 已知二次函数 $y=f(x)$, 满足 $f(-2)=f(0)=0$, 且 f(x) 的最小值为 -1。

(1) 若函数 $y=F(x)$, $x\in \mathbf{R}$ 为奇函数, 当 $x>0$ 时, $F(x)=f(x)$, 求函数 $y=F(x)$, $x\in \mathbf{R}$ 的解析式;

(2) 设 $g(x)=f(-x)-\lambda f(x)+1$, 若 g(x) 在 $[-1,1]$ 上是减函数, 求实数 λ 的取值范围。

B 组

1. 已知函数 $f(x)$ 是定义在 R 上的偶函数, 且在 $[0,+\infty)$ 上是减函数, $f(a)=0(a>0)$, 那么不等式 $xf(x)<0$ 的解集是(　　)

   A. $\{x \mid 0<x<a\}$

   B. $\{x \mid -a<x<0\ \text{或}\ x>a\}$

   C. $\{x \mid -a<x<a\}$

   D. $\{x \mid 0<x<a\ \text{或}\ x<-a\}$

2. 设函数 $f(x)(x>0)$ 满足: $f(2)=1$, 且对任意的 $a,b\in(0,+\infty)$ 都有 $f(ab)=f(a)+f(b)$, 则 $f(4)+f\left(\dfrac{1}{8}\right)=$ _____ 。

3. 设 $f(x)$ 是定义在 R 上的偶函数, 且在 $(0,+\infty)$ 上是减函数, 若 $x_1<0$ 且 $x_1+x_2>0$, 则(　　)

   A. $f(x_1)>f(-x_2)$ B. $f(-x_1)=f(-x_2)$

   C. $f(-x_1)<f(-x_2)$ D. 不确定

4. 定义在区间 $(-\infty,+\infty)$ 上的奇函数 $f(x)$ 为增函数, 偶函数 $g(x)$ 在区间 $(0,+\infty)$ 上的图象与 $f(x)$ 的图象重合, 若 $a>b>0$, 下列不等式成立的是(　　)

   ① $f(b)-f(a)>g(a)-g(-b)$

   ② $f(b)-f(a)<g(a)-g(-b)$

   ③ $f(a)-f(-b)>g(b)-g(-a)$

   ④ $f(a)-f(-b)<g(b)-g(-a)$

   A. ①③   B. ②③   C. ①④   D. ②④

第十课时

A 组

1. 如图 2-2-18 所示,动物园要建造一面靠墙的 2 间面积相同的矩形熊猫居室,如果可供建造围墙的材料总长是 30 米,若墙长为 14 米,那么宽 x(单位:m)

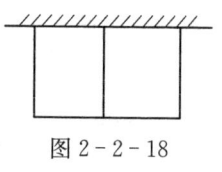

   图 2-2-18

   为多少时才能使得所建造的每间熊猫居室面积最大?每间居室的最大面积是多少?

2. 2020 年,COVID-19 疫情在全球 100 多个国家相继蔓延。在这场没有硝烟的战争中,中国政府采取切实有效措施,一手抓好疫情防控,一手抓好民生保障,把疫情对经济、生活秩序的影响减到最低。疫情期间嘉兴市区某超市坚持营业,为了保障其员工的安全,该超市负责人决定购买一批防护服和手套,市场价每套防护服 53 元,手套每副 3 元,现有两家供应商给出了不同的优惠:

   供应商甲:采取买一赠一,即买一套工作服赠一副手套。

   供应商乙:实行打折销售,即按总价的 95% 收款。

   该超市需要工作服 75 套,手套若干(不少于 75 副)。超市负责人该选择哪一家供应商?

B 组

1. 为支持疫情防控工作,某科研单位进行空气净化研究,科研人员根据实验得出的结论,在一定范围内,每喷洒 1 个单位的净化剂,空气中释放的浓度 y(单位:mg/m³)随着时间 x(单位:天)变化的函数关系式近似为:

$$y=\begin{cases} \dfrac{16}{8-x}-1, & 0 \leqslant x \leqslant 4, \\ 5-\dfrac{1}{2}x, & 4 < x \leqslant 10. \end{cases}$$

若多次喷洒,则某一时刻空气中的净化剂浓度为每次投放的净化剂在相应时刻所释放的浓度之和。由实验知,当空气中净化剂的浓度不低于 4 mg/m³ 时,它才能起到净化空气的作用。

(1) 若一次喷洒 4 个单位的净化剂,则净化时间可达几天?

(2) 若第一次喷洒 2 个单位的净化剂,6 天后再喷洒 $a(1\leqslant a\leqslant 4)$ 个单位的药剂,要使接下来的 4 天中能够持续有效净化,试求 a 的最小值(精确到 0.1,$\sqrt{2}$ 取 1.4)。

2. 请完成《单元概览》中的"挑战题"。

设计者:

单元概览：李晓峰　吴旻玲　卢　明

第一课时单元导学：卢　明、吴旻玲

第二课时函数的概念：吴献超、许群燕

第三课时函数的表示(1)：王　璐、沈晓飞

第四课时函数的表示(2)：姜丽芳、王　璐

第五课时函数的单调性：王英姿、姚丽芳

第六课时函数的最大值、最小值：许群燕、吴旻玲

第七课时函数的奇偶性(1)：吴旻玲、李晓峰

第八课时函数的奇偶性(2)：李晓峰、周赛君

第九课时单元小结与拓展学习(1)：冯　霄、吴献超

第十课时单元小结与拓展学习(2)：郭　春、姜丽芳

③ 读后续写技能——细节描写

单元概览

一、你愿意接受挑战吗？

在本周的英语读书会上，老师向同学们推荐了美国著名专栏作家 Pete Hamill 的小说《Going Home》，要求大家去图书馆借阅赏析此篇美文，品味其原汁原味的语言表达风格。请根据已有的故事线索和划线词进行续写，使之成为一个情节完整、逻辑合理且语言生动的故事。

要求：（1）所续写短文的词数至少 150 字；

（2）至少使用 5 个短文中标有下划线的关键词语；

（3）续写完成后，请用下划线标出你所使用的关键词语。

Going Home

Three boys and three girls were going to Fort Lauderdale and when they boarded the bus, they were carrying sandwiches and wine in paper bags, dreaming of golden beaches as the gray cold of New York vanished behind them.

As the bus passed through New Jersey, they began to notice <u>Vingo</u>. He sat in front of them, dressed in a plain, ill-fitting suit, never moving, his dusty face masking his age. He kept chewing the inside of his lip a lot, frozen into some personal cocoon of <u>silence</u>.

Deep into the night, outside Washington, the bus pulled into Howard Johnson's, and everybody got off except Vingo. He sat rooted in his seat, and <u>the young people</u> began to wonder about him, trying to imagine his life: perhaps he was a sea captain, a runaway from his wife, an old soldier going home. When they went back to the bus, one of the girls sat beside him and introduced herself.

"We're going to Florida," she said brightly, "I hear it's really beautiful."

"It is," he said quietly, as if remembering something he had tried to forget.

"Want some wine?" she said. He smiled and took a swig. He thanked her and once again returned to his silence. After a while, she went back to the others, and Vingo nodded in his sleep.

In the morning, they awoke outside another Howard Johnson's. And this time Vingo went in. The girl insisted that he join them. He seemed very shy, and ordered black coffee and smoked nervously as the young people chattered about sleeping on beaches. When they returned to the bus, the girl sat with Vingo again, and after a while, slowly and painfully, he told his story. He had been in jail in New York for the past four years, and now he was going <u>home</u>.

"Are you <u>married</u>?"

"I don't know."

"You don't know?" she said.

"Well, when I was in jail I wrote to my <u>wife</u>," he said, "I told her that I was going to be away a long time, and that if she couldn't stand it, if the kids kept asking questions, if it hurt too much, well she could just forget me. I'd understand. 'Get a new guy.' I said. She's a wonderful woman, really something and forgets about me. I told her she didn't have to write to me. And she didn't. Not for three and a half years."

"And you're going home now, not knowing?"

"Yeah," he said shyly, "Well, last week, when I was sure the parole (假释) was coming through, I wrote her again. We used to live in <u>Brunswick</u>, just before Jacksonville, and there's a big <u>oak tree</u> just as you came into town. I told her that if she'd take me back, she should put a yellow handkerchief on the tree, and I'd get off and come home. If she didn't want me, forget it — no handkerchief and I'd go on through."

"Wow," the girl exclaimed, "Wow."

She told the others, and soon all of them were in it, caught up in the approach of Brunswick.

Paragraph 1:

The young people lookeel at the pictures Vingo showed them of his wife and three children.

Paragraph 2:

Vingo sat there stunned, looking at the oak tree.

评分标准：1. 与原文融洽度高，与两段首句衔接合理；2. 内容丰富，使用五个以上划线词；3. 使用语法结构和词汇丰富、准确，语言流畅；4. 有效使用连接词，使所写全文结构紧凑、内容连贯。

要完成以上任务，你知道需要做哪些知识准备吗？我们一起来浏览一下本单元在高考英语考试说明中的解读和评分标准。

作为英语高考写作新题型，读后续写提供一段350字以内的语言材料，要求考生依据该材料内容、所给段落开头语和文中关键词进行续写（150词左右），将其发展成一篇与给定材料有逻辑衔接、情节和结构完整的短文。

本题型总分为25分，按五个档次给分。评分时，先根据续写短文的内容和语言初步确定其所属档次，然后以该档次的要求来衡量、确定或调整档次，最后打出分数。字数少于130字的，从总分中减去2分。

评分主要从以下四方面考虑：1. 与所给短文及段落开头语的衔接程度；2. 内容的丰富性和对所标出关键词的应用情况；3. 应用语法结构和词汇的丰富性和准确性；4. 上下文的连贯性。

由于读后续写多半是情节丰富的记叙文，由人物推动情节的发展，因此它对学生写作语言的丰富性提出了很高的要求，如何在读后续写中合理进行人物的心理描写、动作描写、外貌描写，由此实现丰富人物形象、推动故事情节发展的目的，如何通过环境描写以实现借景抒情、烘托氛围、升华主题的意义，都是本单元所要探索的重要内容。

二、你需要学什么？（见表2-3-1）

表2-3-1　本单元学习内容与课时安排

大任务	课时内容	指向学科核心素养	课时
以"你愿意接受挑战吗？"提供的情境为背景，请根据首句和划线词，运用适当的细节描写，给著名作家Pete Hamill的美文《Going Home》续写，使之成为一个情节完整、逻辑合理、语言生动的故事。	单元导学	—	1
	心理描写	语言能力、思维品质	1
	动作描写	语言能力、思维品质	1
	外貌描写	语言能力、思维品质	1
	环境描写	语言能力、思维品质	1
	实战演练	语言能力、思维品质	1

三、你将学会什么？

1. 运用预测、略读、细读等多维度阅读策略，梳理记叙文的关键要素，分析划线词和首句对故事情节发展的作用，提高文本解读能力。

2. 通过提炼原文本中的细节描写，构建相关续写语料库，在情节构建中实现例句仿写，体会在特定的情景中进行各种细节描写所使用语言的灵活性和多样性，提升综合语言运用能力。

3. 通过情景写作，尝试运用细节描写的目标语言进行读后续写，体会所写句子在文中所表达的主题意义，提升思维品质和语言能力。

四、给你支招。

1. 本单元从读后续写的细节描写入手，通过具体介绍心理描写、动作描写、外貌描写和环境描写，为如何续写积累相关语料，提供写作技巧。

2. 本单元学习大致按照以下流程开展：阅读续写本文→多维度解读文本→提炼细节描写语言→拓展相关细节描写语料→构建微情境写作→基于原文进行读后续写→润色并评价学生习作→反思本课所学。

3. 本单元的重点是训练从文本中提炼相关细节描写语言并构建续写语料，难点是如何将相关细节描写语言运用到读后续写的实际写作之中，使之成为一篇逻辑衔接、结构紧凑、情节完整的短文。

4. 本单元是高考的新题型，近年来有许多专家和一线教师对该题型的真题和教学进行研究，编写了大量的参考资料和习题，"学科网""溯恩英语"等网站都有关于读后续写历年真题讲解等课例视频、课件、复习专题，可以作为你学习的补充课程资源。

学习进程

第一课时　单元导学

【学习目标】

1. 通过对高考真题的解读,能从时间轴和情感轴两个维度梳理出文本故事情节的发展方向、主人公的人物情感和性格特征,提高文本解读能力。

2. 根据段首句的"问题链",能从人物心理、动作、外部环境等不同角度做出合理回答,完成符合人物性格和文章主题的情节构思,会根据"提示词"开展细节描写(包括心理、动作、环境等),做到语言丰富、用词准确。

3. 通过对高考真题的范文阅读,找出范文中细节描写的句子并进行归类,初步了解外貌描写、心理描写、动作描写、环境描写的概念和相应的语言表达方式,能模仿各种细节描写,用自己的语言表达范文中的细节描写的句子,提高语言运用能力。

【评价任务】

1. 完成 Activity 2 中的 Thinking。(检测目标 1)
2. 完成 Activity 3 中的 Thinking。(检测目标 2)
3. 完成 Activity 4 中的 Thinking。(检测目标 3)

【学习过程】

A Vacation with My Mother

I had an interesting childhood. It was filled with surprises and amusements, all because of my mother—loving, sweet, yet absent-minded and forgetful. One strange family trip we took when I was eleven tells a lot about her.

My two sets of grandparents lived in Colorado and North Dakota, and my parents decided to spend a few weeks driving to those states and seeing all the sights along the way. As the first day of our trip approached, <u>David</u>, my eight-year-old brother, and I unwillingly said good-bye to all of our friends. Who knew if we'd ever see them again? Finally, the moment of our departure arrived, and we loaded suitcases, books, games, <u>camping</u> equipment, and a <u>tent</u> into the car and bravely drove off. We bravely drove off again two hours later after we'd returned home to get the purse and traveler's checks <u>Mom</u> had forgotten.

David and I were always a little nervous when using gas station bathrooms if Mom was driving while <u>Dad</u> slept: "You stand outside the door and play lookout (放哨) while I go, and I'll stand outside the door and play lookout while you go." I had terrible pictures in my mind: "Honey, where are the kids?" "What?! Oh, Gosh ... I thought they were being awfully quiet." We were never actually left behind in a strange city, but we weren't about to take any chances.

On the fourth or fifth night, we had <u>trouble</u> finding a hotel with a vacancy. After driving in vain for some time, Mom suddenly got a great idea: Why didn't we find a house with a likely-looking backyard and ask if we could set up tent there? David and I became nervous. To our great relief, Dad turned down the idea. Mom never could understand our objections (反对). If a strange family showed up on her front doorstep, Mom would have been delighted. She thinks everyone in the world is as <u>nice</u> as she is. We finally found a vacancy in the next town.

注意:

1. 所续写短文的词数应为150左右;
2. 至少使用5个短文中标有下划线的关键词语;
3. 续写部分分为两段,每段的开头已为你写好;
4. 续写完成后,请用下划线标出你所使用的关键词语。

Paragraph 1:

The next day we remembered the brand-new tent we had brought with us.

Paragraph 2:

We drove through several states and saw lots of great sights along the way.

_____

_____

Activity 1: Figure out the key information of the story and the emotional change of the main characters. (指向目标 1)

1. Fill in the following table about how the story goes according to the timeline.

Time	events
As the first day of our trip approached,	
Finally, the moment of out departure arrived,	
On the fourth or fifth night,	
The next day,	

2. Based on the feelings of David and I, find out the supporting sentences for each feeling.

Feelings	Supporting sentences
unwillingly	
nervous	
to our relief	

3. Describe Mom's personalities based on the information in the two tables above.

_____

Activity 2: Answer the questions to get ready for the further plots. (指向目标 2)

Paragraph 1: *The next day we remembered the brand-new tent we had* *brought with us.*

Q1：Thinking about Mom's personality, what might she do with the tent? What was her plan?

Q2：Did we agree with her? What was our reaction towards her plan? What did we do to help?

Q3：What did Mom and Dad do in details? What might happen during the process?

Paragraph 2：*We drove through several states and saw lots of great sights along the way.*

Q1：What did we see along the way? How did we feel about them?

Q2：What happened to the tent in the end? How does it connect with Mom's personality?

Q3：What was my comment on Mom's personality?

Thinking：From what aspects can you ask questions based on the passage?（检测目标1）

Activity 3：**Polish your answers by adding more detailed description.（指向目标2）**

Example：Thinking of the tent, Mom suggested that we go camping in the next village.（想到帐篷，妈妈提议说去附近的村庄露营，她说着眼里闪烁着兴奋的光芒。）

Thinking of the tent, Mom suggested that we go camping in the next village, with eyes glittering with excitement.

1. David and I all agreed. We were asked to help.（听到妈妈的提议，我和大卫都同意了。我们俩一到露营的地方，就赶紧捡树枝生火。）

2. Dad and Mom lay on the grass talking with a local boy, and left the tent to him.（爸爸妈妈躺在草地上和一个附近的小男孩愉快地聊天。这个男孩与我们年龄相仿，衣衫褴褛，后来我们了解到他无家可归，于是妈妈把帐篷留给了小男孩。）

3. We saw beautiful natural scenery along the way which made us spellbound. (一路上蔚蓝的天空、无垠的草地、落日余晖和满天繁星都让我们心驰神往。)

___

4. The tent was deliberately left to the local boy by my Mom. (但是让我印象最为深刻的是妈妈故意把帐篷"落下"留给了小男孩。尽管妈妈热爱露营,但她出于对小男孩的同情,把帐篷留给了他。)

___

5. This was my Mom. (这就是我的妈妈,有时候有些迷糊健忘,但是充满爱心和善意。)

___

Thinking: Do you have some good ways to accumulate detailed description? Make an introduction to the class. (检测目标2)

Activity 4: Read the sample version, underline the relevant sentences of detailed description and sort them out in different types of description. (指向目标3)

The next day we remembered the brand-new tent we had brought with us. Thinking of the tent, Mom suggested that we go camping in the next village, with her eyes glittering in excitement. Considering her enthusiasm, we all agreed. When the door of our car opened, Mom stormed out instantly and urged us to put up the tent. David and I were asked to pick up some branches to build a fire. And when we came back, Dad and Mom had already lain down the grass comfortably in front of the tent, talking merrily with a local boy at our age, who kept glancing at this tent curiously. Soon we learnt that the boy in rags even didn't have a home to live in. Of course, Mom "forgot" to take this tent with us again.

We drove through several states and saw lots of great sights along the way. The bright blue sky, the setting sun and the countless stars all kept me spellbound. But what impressed me most during the journey was that tent, which was forgotten deliberately by Mom. Though she did love camping, she presented that poor boy with the tent out of sympathy. That was my mom, who was sometimes absent-minded, forgetful, yet always loving and sweet.

Types of detailed description			
Psychology	Appearance	Actions	Environment

Thinking: Do you have a general outline of what you will learn in this unit? Draw a mind-map of the outline and share it with the class. (检测目标3)

Activity 5: Reflection. (指向目标3)

What types of detailed description have appeared in the sample version above? Do you have any other way of description? Try to write down your own sentences.

第二课时 心理描写

【学习目标】

1. 通过略读、寻读文本,能指出女主人公 Claire 对机器人 Tony 每个阶段心理情绪变化的描写句子,掌握人物心理情绪的具体表达方式。

2. 通过上下文语境,猜测、理解相关重要词汇,完成词汇匹配练习;通过比较同义词、反义词的含义,丰富心理情绪描写的语料。

3. 根据文本中的重要句式结构,能够进行句式翻译与仿写,提高综合语言运用能力。

4. 通过首句关键词解读,能从人物心理情绪角度解读故事情节走向,进行微语境创作。

5. 完成读后续写,通过小组合作加工润色语言,提高语言生动性和精准性,发展语言能力。

【评价任务】

1. 阅读文本,完成目标 1 中关于寻找与主人公相关的心理情绪语言表达的任务。(检测目标 1)

2. 上下文猜测理解词汇,完成目标 2 中词汇匹配的任务和排除不同含义的词汇的任务。(检测目标 2)

3. 模仿重点词汇、句式,完成目标 3 中句式翻译与仿写的任务。(检测目标 3)

4. 解读首句,把握人物心理情绪走向,完成目标 4 中微语境创作的任务。(检测目标 4)

5. 综合运用所学,完成目标 5 中读后续写的草稿并润色。(检测目标 5)

【学习过程】

Satisfaction Guaranteed

Larry Belmont worked for a company that made robots. Recently it had begun experimenting with a household robot. It was going to be tested out by Larry's wife, Claire.

Claire didn't want the robot in her house, especially as her husband would be absent for three weeks, but Larry persuade her that the robot wouldn't harm her or allow her to be harmed. It would be a bonus. However, when she first saw the robot, she felt alarmed. His name was Tony and he seemed more like a human than a machine. He was tall and handsome with smooth hair and a deep voice although his facial expression never changed.

On the second morning Tony, wearing an apron, brought her breakfast and then asked her whether she needed help dressing. She felt embarrassed and quickly told him to go. It was disturbing and frightening that he looked so human.

One day, Claire mentioned that she didn't think she was clever. Tony said that she must feel very unhappy to say that. Claire thought it was ridiculous to be offered sympathy by a robot. But she began to trust him. She told him how she was overweight and this made her feel unhappy. Also she felt her home wasn't elegant enough for someone like Larry who wanted to improve his social position. She wasn't like Gladys Claffern, one of the richest and most powerful women around.

As a <u>favor</u> Tony promised to help Claire make herself smarter and her home more elegant. So Claire borrowed a pile of books from the library for him to read, or rather, scan. She looked at his fingers with wonder as they turned each page and suddenly reached for his hand. She was amazed by his fingernails and the softness and warmth of his skin. How <u>absurd</u>, she thought. He was just a machine.

Tony gave Claire a new haircut and changed the makeup she wore. As he was not allowed to accompany her to the shops, he wrote out a list of items for her. Claire went into the city and bought curtains, cushions, a carpet and bedding. Then she went into a jeweler shop to buy a necklace. When the clerk at the counter was rude to her, she rang Tony up and told the clerk to speak to him. The clerk immediately changed his attitude. Claire thanked Tony, telling him that he was a "dear". As she turned around, there stood Gladys Claffern. How awful to be discovered by her, Claire thought. By the amused and surprised look on her face, Claire knew that Gladys thought she was having an affair. After all, she knew Claire's husband name was Larry, not Tony.

When Claire got home, she wept with anger in her armchair. Gladys was everything Claire wanted to be. "You can be like her", Tony told her and suggested that she invite Gladys and her friends to the house the night before he was to leave and Larry was to return. By that time, Tony expected the house to be completely transformed.

Tony worked steadily on the improvements. Claire tried to help once but was too clumsy. She fell off a ladder and even though Tony was in the next room, he managed to catch her in time. He held her firmly in his arms and she felt the warmth of his body. She screamed, pushed him away and ran to her room for the rest of the day.

The night of the party arrived. The clock struck eight. The guests would be arriving soon and Claire told Tony to go into another room. At that moment, Tony folded his arms around her, bending his face close to hers. She cried out "Tony" and then heard him declare that he didn't want to leave her the next day and that he felt more than just the desire to please her. Then the front door bell rang. Tony freed her and disappeared from sight. It was then that Claire realized that Tony had opened the curtains of the front window. Her guests had seen everything!

The women were impressed by Claire, the house and the delicious cuisine. Just before they left, Claire heard Gladys whispering to another woman that she had never seen anyone so handsome as Tony. What a sweet victory to be envied by those women! She might not be as beautiful as them, but none of them had such a handsome lover.

Then she remembered Tony was just a machine. She shouted "Leave me alone" and ran to her bed. She cried all night. The next morning a car drove up and took Tony away.

The company was very pleased with the report of Tony on his three weeks with Claire. Tony had protected a human being from harm. He had prevented Claire from harming herself through her own sense of failure. He had opened the curtains that night so that the other women would see him and Claire, knowing that there was no risk to Claire's marriage. But even though Tony had been so clever, he would have to be rebuilt — you cannot have women falling in love with machines.

Activity 1: Figure out Claire's emotional clue and finish the following tasks.

1. Claire's feelings and emotions towards Tony changed as the story developed. Read the story, and fill in the table about Claire's feelings and

emotions. (指向目标1)

Occasion	Claire's feelings and emotions
Before Tony arrived,	1. She _____ the robot in her house.
When Tony arrived,	2. She felt _____.
When Tony offered to help her dressing,	3. She felt _____ and quickly told him to go. It was _____ and _____ that he looked so human.
When Tony offered to help her improve her house and herself,	4. She thought it was _____ to be offered sympathy by a robot. But she began to trust him. She looked his fingers _____ as they turned each page and suddenly reached for his hand. She _____ his fingernails and the softness and warmth of his skin. _____, she thought.
When Tony helped her with the salesman,	5. She _____ him, telling him that he was a "dear".
When she fell off a ladder and was caught by Tony,	6. She felt the warmth of his body and she _____, pushed him away and _____ her room for the rest of the day.
When she heard Gladys whispering to another woman that she had never seen anyone so handsome as Tony,	7. What a sweet victory _____ those women!
When She remembered Tony was just a machine,	8. She _____ "Leave me alone" and _____ her bed and _____ all night.

2. Discuss with your partner about Claire's emotional change towards Tony. (检测目标1)

Tip: You can summarize the information of the table above to help you with the emotional clue.

Activity 2: Build up your vocabulary and sentence patterns.

1. Match the feelings in the left column with the descriptions in the right one. (指向目标2)

1. alarmed	He felt so ashamed that he could feel his face burning.
2. embarrassed	Hearing the bad news, he froze with shock, as if rooted to the ground.
3. furious	As the result of the news, he was suddenly thrown into a world of darkness and sank into hopelessness.

| 4. depressed | Hardly containing his rage, he roared in a low voice with blood burning. |
| 5. joyful | Her face lighted up with excitement and her eyes danced with joy. |

Tip: You can refer to the dictionary for the new words if necessary.

2. Look at each group of words below, and tell which one does not belong to the category of the boldfaced word ahead of them. (检测目标2)

(1) **alarmed**: shocked/frightened/scared/terrified/puzzled

(2) **embarrassed**: uncomfortable/timid/ashamed/abashed/red-faced

(3) **furious**: frustrated/angry/annoyed/irritated/mad

(4) **depressed**: hopeless/desperate/frustrated/discouraged/nervous

(5) **joyful**: cheerful/dissatisfied/delighted/pleased/blissful

3. Imitate the sentence patterns and translate the following sentences.

(1) She was amazed by his fingernails and the softness and warmth of his skin. How absurd, she thought. He was just a machine.

Sentence pattern: She was amazed by... How absurd, she thought.

Translation: 他被眼前的迷人景色惊呆了。多么壮美！他想。(指向目标3)

_____

(2) She might not be as beautiful as them, but none of them had such a handsome lover.

Sentence pattern: She might not be as... as..., but none of them...

Translation: 或许她没有其他选手的天赋，但是没有人像她一样努力训练。(指向目标3)

_____

(3) It was then that Claire realized that Tony had opened the curtains of the front window.

Sentence pattern: It was... that...

Translation: 正是她对动物保护的坚持和对科学研究的热情，才促使她只身一人来到非洲。(检测目标3)

Activity 3: Prepare for writing.

1. Ask yourself about the following questions. (指向目标 4)

(1) After Tony left, what might Claire think about Tony?

(2) How might she feel about herself? Will she be ashamed?

(3) What might she do or say to herself? What decision might she make about the rebuilt?

Tip: Work out all the possible answers by discussion with your group members.

2. Describe in details about Claire's feelings and emotions of her struggle. (检测目标 4)

(1) Physical responses _____

(2) Thoughts or monologue _____

(3) Claire's decision _____

Tip: Try to use the language you've learned in the class.

Activity 4: Continuation writing. (指向目标 5)

Read the text ***Satisfaction Guaranteed*** again and write about 150 words to continue the story. You are required to use at least five expressions given below. Underline the given expressions that you use when you finish writing.

The given expressions: however, absurd, arrive, warmth, company, favor, cry, fall in love, change, rebuild.

Paragraph 1:

After Tony left, Claire couldn't help thinking about him. _____

_____

Paragraph 2:

When she arrived at the company, she was told that Tony had been rebuilt.

_____

_____

评分标准：1.使用五个以上划线词,合理使用所学的有关心理情绪词汇,关注语言能力；2.使用语法结构和词汇丰富、准确,关注语言能力；3.有效使用连接词,使全文内容连贯,关注思维品质、语言能力。

Activity 5: Exchange your writing with your partner and polish it by adding more details. (检测目标5)

【学后反思】

Reflect on the words about emotions you've learned in the class and write them down to consolidate your language.

第三课时 动作描写

【学习目标】

1. 通过略读、寻读文本,理清文章思路,了解文章主要内容,评价醉汉的行为,提高文本解读能力。

2. 能根据文章标题,借助头脑风暴预测文章走向,提高预测分析能力。

3. 通过上下文语境,推测、理解重要词汇,完成相应词汇练习。

4. 完成读后续写,通过小组合作,加工润色语言,提高语言的生动和精准性,发展语言能力。

【评价任务】

1. 阅读文本,完成目标1中关于理清文章思路,了解文章主要内容任务。(检测目标1)

2. 查找信息,判断推测是否正确,完成目标2中预测文章走向的任务。(检测目标2)

3. 通过上下文猜测、翻译句子、填空等形式理解词汇,完成目标3中重难点词汇练习的任务。(检测目标3)

4. 综合运用所学,完成目标4中读后续写的草稿并润色。(检测目标4)

【学习过程】

Red for Danger

During a bullfight, a drunk suddenly wandered into the middle of the ring. The crowd began to shout, but the drunk was unaware of the danger. The bull was busy with the matador (斗牛士) at the time, but it suddenly caught sight of the drunk who was shouting rude remarks and waving a red cap. Apparently sensitive to criticism, the bull forgot all about the matador and charged at the drunk. The crowd suddenly grew quiet. The drunk, however, seemed quite sure of himself. When the bull got close to him, he clumsily stepped aside to let it pass. The crowd broke into cheers and the drunk bowed. By this time, however, three men had come into the ring and they quickly dragged the drunk to safety. Even the bull seemed to feel sorry for him, for it looked on sympathetically until the drunk was out of the way before once more turning its attention to the matador.

Activity 1: Brainstorm and predict.

1. Brainstorm what you think when you see the word "red" and how much you know about bullfights.

2. Predict what will happen when a drunk gets involved in a bullfight. (检测目标2)

Activity 2: Read and check.

1. Read the story and see if your prediction is right. (检测目标2)

2. How did the story end for the drunk? (检测目标1)

3. Check the answer with your prediction. (指向目标2)

4. Guess the meaning of the word "drag" according to the context and then look it up in the dictionary to see if your prediction is right. Give the definition. (指向目标3)

Activity 3: Read for the plots and build up your vocabulary.

1. Read the passage and answer the question. (指向目标1)

Q1: Why did the crowd begin to shout during a bullfight?

Q2: What made the bull catch sight of the drunk?

Q3: What did the bull do next?

Q4: Why did the crowd break into cheers?

2. Guess the meaning of "wander", "charge at" according to the context and then look it up in the dictionary to see if your prediction is right. Act it out in front of the class. (检测目标 3)

3. Based on the text, translate the sentence "The drunk clumsily stepped aside to let it pass" into Chinese. (检测目标 3)

Activity 4: Prepare for writing.

1. Fill in the blanks with the words you learned above to complete the story covered by a reporter. (指向目标 3)

BBC News with Julie Candler

A Drunk Got Famous Yesterday

A large audience was watching a fierce bullfight yesterday at a ring in Calgary when a drunk suddenly _____ (闲逛着走进) the middle of the ring. The bull was busy with the matador. But the drunk's shouting rude remarks and _____ (挥动红帽子) caught the bull's attention. Unfortunately, the bull _____ (向…猛冲) the drunk, which made the crowd quiet. Amazingly, the drunk _____ (笨拙地闪到一边) to let it pass. How lucky the drunk is! By this time, three men hurried to _____ (把醉汉拖走) to safety.

World News from the BBC

2. Make a short comment on the drunk's actions. (指向目标 1)

3. Continue to write (指向目标 4)

Read the text **Red for Danger** again and write about 150 words to continue the story. You are required to use at least five given words or expressions. Underline the words or expressions that you used when you finish writing.

The given expressions: wandered, crowd, danger, matador, waving, bull, charged, stepped aside, bowed, dragged

Paragraph 1:

The next morning when the drunk came to himself, he vaguely remembered what happened yesterday. _____

_____

Paragraph 2:

Learning that he got famous yesterday, he didn't feel happy but regretful. _____

_____

评分标准:1.使用五个以上划线词,合理使用所学的有关肢体动作的词汇,关注语言能力;2.使用语法结构和词汇丰富、准确,关注语言能力;3.有效使用连接词,使全文内容连贯,关注思维品质、语言能力。

4. Exchange your writing with your partner and polish it by adding more details. (检测目标4)

【学后反思】

Reflect on the words about actions you've learned in the class and write them down to consolidate your language.

第四课时　外貌描写

【学习目标】

1. 理解文本中相关人物外貌描写的词句含义,积累拓展相同语义功能的同类词块,提高文本解读能力。

2. 探究描写外貌的途径,运用图片、导图、影像等各种资源以及可以运用的语句和描写方式,尝试进行多途径人物外貌描述。

3. 模仿文中描写手法,抓住人物特征,厘清自己的表达意图并在续写任务中进行运用,完成读后续写;通过自批、互批,加工润色语言,提高语言的生动性和精准性,发展语言能力。

【评价任务】

1. 阅读 passage A,完成目标 1 关于了解外貌描写对人物刻画作用的任务。(检测目标 1)

2. 通过查找信息,分类填写表格,完成目标 2 中掌握外貌描写途径的任务。(检测目标 2)

3. 阅读 passage B、C,整合运用语言知识,完成目标 3 中描写人物外貌的任务和后续读后续写任务。(检测目标 3)

【学习过程】

Passage A

Brother B taught us a lesson

My brother's sixth-grade science teacher was named Brother B. That was not his real name (he was rebellious (叛逆的) when he was young so he no longer liked his real name).

Brother B used to wear funny pants and sandals (凉鞋). He had wild hair and never wore a tie. One time my brother asked him: "Brother B, did you go to Woodstock (a famous music festival held in 1969)?" Brother B answered: "No. Woodstock came to me."

Brother B was never very concerned with safety. One day the class was mixing dangerous chemicals. When you do this you are supposed to wear protective glasses. My brother forgot to put on his own. But Brother B didn't pay attention. The chemicals mixed together and formed something very strong. When my brother's lab partner dropped in the last chemical, the mixture splashed (飞溅) on my brother's face.

My brother screamed and ran around the classroom. Brother B said: "Stay cool, man."

Luckily, it didn't get in his eyes. But the chemical burned his eyebrow right off! My brother was very embarrassed by the accident. But Brother B told him not to worry. "We've got two eyebrows so if you lose one at least you've got another," he said.

These words did not comfort my brother. Two days after the incident he had to take his class photo. So he will always be remembered as the guy with only one eyebrow.

As a younger brother I felt it was my duty to call my brother "one brow" for a while. He didn't like it. Now his eyebrow has grown back but it is a little uneven.

He learned a lesson that day though. When you're doing science experiments always take your time and make sure you're using the proper equipment.

Activity 1: Read passage A, underline the sentences that describe the two persons' appearance, and then answer the following questions.

Q1: What do the underlined sentences describe? (指向目标1)

Q2: What can we tell about the two persons from the description? (指向目标1)

Q3: What is the topic of this passage? (检测目标1)

Q4: Which sentences describe what happened to my brother in the class? What is Brother B's response? (指向目标1)

Q5: What is the function of the description about their appearance? (检测目标1)

Activity 2: Build up your language.

1. About appearance, what else can we describe? Try to fill in the table below together with your peers. (指向目标2)

eyes	hair	nose	figure	appearance	clothing style

Tip: Work in groups and figure out the expressions about appearance as many as possible.

2. Work with your partner to draw some pictures with the instructions below and compare notes with the class. (检测目标2)

(1) Amy is a lovely American girl with blond and curly hair, blue eyes and freckles on her face. She likes collecting stamps.

(2) Kathy is a pretty Chinese girl wearing glasses whose hair is black and straight. She is good at maths and likes dancing very much.

(3) Joe is a clever Chinese boy with thick eyebrows. He is very good at science and playing computer games.

3. Game Playing: One of the students draws eyes, hair, nose, figure, appearance, or clothing on paper and asks his/her partner to tell what he/she draws. (指向目标3)

Activity 3: Complete the sentences or make a new one according to the patterns provided. (指向目标3)

1. **Sentence pattern**: He was tall and handsome with smooth hair and a deep voice although his facial expression never changed.

   Translation: 她是个善良可爱的小姑娘,圆圆的脸,大大的眼睛,雪白的牙齿,留着波浪般的长发。

   She is a _____, _____ a round face, big eyes, white teeth and _____.

2. **Sentence pattern**: She returned to the shop the following morning dressed in a fur coat, with a handbag in one hand and a long umbrella in the other.

   Translation: 第二天一早,他穿着裘皮大衣,一手拿着行李箱,一手拿着烟斗出发了。

   He left _____

3. **Sentence pattern**: Dressed in a blue uniform and with a rifle over his shoulder, the prisoner marched boldly up and down in front of the camp.

   _____

   _____

4. **Sentence pattern**: He was rather elder with grey hair and clear blue eyes.

___

5. **Sentence pattern**: Mandy is in her thirties and has a rather fat figure. She has short, dark and curly hair and is well-dressed. She always has a warm smile.

___

Activity 4: Complete the following passages with description of the appearance. (检测目标 3)

Passage B   Ugliest faces

Can you make faces? Are you good at it? Georgia Lister is a 9-year-old girl from England. She is the best at making faces. She can _____ (斗鸡眼) and _____ (卷起舌头舔鼻子). She takes part in the World Gurning Championships (世界鬼脸锦标赛) in the UK. She wins the children's group. Players put their heads through a horse collar. They make ugly faces to make other people laugh.

It's not easy being ugly. The most successful players are often older people. They wear false teeth. They can change their faces more when they take the teeth out. Some of them can even pull their bottom lips completely over their noses. Do you want to have a try?

Passage C

Jane Goodall did not look like what I had expected a popular world-renowned scientist would look like. In spite of having been born in Britain, she had nothing of a typical British behavior about herself. She wore _____ (一条蓝色的牛仔裤), _____ (一双运动鞋) and _____ (一件棉衬衣).

She looked like a normal and modest woman, one that you would meet in a supermarket. And she did not even look like a woman over 50, though her _____ (马尾辫) was grey. Her face was _____ (细腻光滑的) and in a very mysterious way looked carefree like a child's face does.

Activity 5: Continue to write. (指向目标 4)

1. Read passage A again and write about 150 words to continue the story. You are required to use at least 5 expressions given below. Underline the given expressions that you use when you finish writing.

Given expressions: concerned, wear, dangerous, protective glasses, chemicals, luckily, safety, uneven, lesson, comfort

Paragraph 1:

Ten years later my brother became a science teacher, just like Brother B.

_____

_____

Paragraph 2:

Seeing this, this six-grader screamed. _____

_____

评分标准：1. 使用五个以上划线词，合理使用所学的有关外貌描写的词汇，烘托人物特征；2 使用语法结构和词汇丰富、准确，关注语言能力；3. 有效使用连接词，关注篇章连贯性与故事完整性。

2. Exchange your writing with your partner and polish it if possible. (检测目标 4)

【学后反思】

1. Can this description well support the topic?

2. Can I add any other description to better tell the feature of the person?

第五课时 环境描写

【学习目标】

1. 根据文章标题预测故事情节的发展走向；运用略读、寻读文本等阅读策略，把握文章结构和内容，提高文本预测能力。

2. 探究描写环境的途径，分析文中火灾前后森林环境的变化，关注文中环境描写的手法，完成语篇环境描写练习。

3. 模仿文本描写手法，抓住环境特征，厘清自己的表达意图并在续写任务中加以运用，完成读后续写；通过小组合作，加工润色语言，提高语言的生动性和准确性，发展语言能力。

【评价任务】

1. 阅读标题和文本，完成目标1中关于预测文章内容、厘清文章结构和内容的任务。（检测目标1）

2. 分析火灾前后森林环境的变化，翻译环境描写句子，完成目标2中模仿环境描写手法的任务和高考真题关于环境描写的语篇填空任务。（检测目标2）

3. 综合运用所学，完成目标3中读后续写草稿并润色。（检测目标3）

【学习过程】

After the Fire

Firemen had been fighting the forest for nearly three weeks before they could get it under control. A short time before, great trees had covered the countryside for miles around. Now, smoke still rose up from the warm ground over the desolate (荒凉的) hills. Winter was coming on and the hills threatened the surrounding villages with destruction, for heavy rain would not only wash away the soil but would cause serious floods as well. When the fire had at last been put out, the forest authorities ordered several tons of a special type of grass-seed which would grow quickly. The seed was sprayed over the ground in huge quantities by aeroplanes. The planes had been planting seed for nearly a month when it began to rain. By then, however, in many places the grass had already taken root. In place of the great trees which had been growing there for centuries patches of green had begun to appear in the blackened soil.

Activity 1: Brainstorm and answer the question chains.

1. Brainstorm: What do you think of when you see the word "fire"?

2. Question: What will happen after a fire?

3. Read the story and tell whether what you've mentioned about the fire is talked about in this passage or not. If not, what is talked about instead? (检测目标1)

4. Read the passage and underline the sentences that describe the surroundings of the forest before the fire broke out, after the fire broke out and after the fire was put out. (指向目标1)

5. Answer the questions. (指向目标1)

Q1: What images can be conveyed in the underlined sentences?

Q2: What other adjectives will you use to describe the surroundings?

Q3: What writing skill does the author use to describe the surroundings of the forest before the fire broke out, after the fire broke out and after the fire was put out?

Tip: Try to find out as many sentences that describe the forest as possible and then divide them into three sets.

Activity 2: Build up your language.

1. Translate the following sentences into English. (指向目标2)

(1) 河流穿过我家边上的公园。

(2) 小溪蜿蜒穿过田地,一直流向远方。

(3) 突然起了暴风雨,一阵大风把鸟巢从屋顶上刮了下来。

(4) 广场上的雪积得很厚,仿佛大地盖着一条雪白的地毯。

_____

(5) 发热的地面上仍然升腾着烟雾,弥漫在荒凉的山丘上。

_____

Tip: Refer to the dictionary if necessary.

2. Choose proper words in correct forms to complete the following story. (检测目标2)

> flash through, roll, move directly, beep, explode out, a clap of thunder, a wall of flames, hide

Lightning _____ the darkness over Sibson's bedroom skylight. Sibson was shaken by _____ before he knew what was happening. The storm had _____ over his two-story wooden house. Then he heard the smoke alarm _____.

Sibson rushed down the stairs barefoot to check; he opened the door to the basement (地下室), and flames _____. Sibson ran back upstairs to call 911 from his bedroom. "I felt safe because the room had a separate outdoor stairway." he explains.

But the phone didn't work, and when he tried to go down the outdoor stairway, he was stopped by _____. Sibson realized he was trapped.

Sibson's house was three kilometers off the main road and was so well _____ by trees that he knew calling for help would be fruitless.

Up a hill nearby lived Sibson's neighbor, Huggons. He was lying in bed when something like a smoke alarm struck his ears. He jumped out of bed, took his phone and flashlight, and headed down the hillside toward the noise. That was when he saw the _____ heavy smoke.

Huggons dialed 911, and the operator warned him not to enter the house. But Huggons said, "There is no way I am going to listen to Sibson scream and die in that fire." (2012 四川高考)

Activity 3: Read the passage above again and write about 150 words to continue the story. You are required to use at least five of the following expressions. (指向目标3)

Given expressions: darkness, Sibson, house, smoke, outdoor, flames, trapped, help, Huggons, flashlight.

Paragraph 1:

"Anyone there?" Huggons called out. _____

_____

Paragraph 2:

Sibson was still thankful when he told the story. _____

_____

评分标准：1. 使用五个以上划线词，合理使用所学的有关火情环境描写的语言，关注语言能力；2. 使用语法结构和词汇丰富、准确，关注语言能力；3. 有效使用衔接词，使全文内容连贯，关注思维品质、语言能力和学习能力。

Activity 4: Exchange your writing with your partner and polish it by adding more details. (检测目标3)

【学后反思】

1. Present and share the excellent versions in the class.
2. Correct the mistakes of the writing with the help of your partners.
3. Summarize the words or expressions describing the environment.

第六课时　实战演练

【学习目标】

1. 通过阅读文本，按情节时间轴和人物情感轴梳理记叙文关键信息，归纳故事梗概，提高文本解读能力和抽象概括能力。

2. 通过分析划线词的词性和意义，完成划线词分类表，讨论各划线词实际使用的可能性并做出选择,提高预测判断能力。

3. 通过回答首句的问题,构思故事后续可能发生的情节,提高创新思维能力。

4. 通过头脑风暴,思考与"紧张"心理情绪相关的语言表达方式,拓展续写语料积累;通过翻译相关句子,积累续写所需的细节描写语料,提升语言运用的灵活性。

5. 通过续写后半部分的故事情节,使之成为一篇情节完整、内容丰富、语言生动、细节描写细腻的故事,掌握对细节描写的技术,提高语言综合运用的能力。

【评价任务】

1. 阅读文本,通过分析情节时间轴和人物情感主线,概括主人公Vingo的故事和他对妻子的感情。(检测目标1)

2. 分析划线词的词性和意义,推断其在续写中使用的可能性。(检测目标2)

3. 回答基于首句的问题,合理推理故事发展及结局。(检测目标3)

4. 通过积累关于"紧张"的语料,完成句子翻译,并为续写做好铺垫。(检测目标4)

5. 综合运用所学,与同伴互助完成作文润色。(检测目标5)

【学习过程】

Going Home

Three boys and three girls were going to Fort Lauderdale and when they boarded the bus, they were carrying sandwiches and wine in paper bags, dreaming of golden beaches as the gray cold of New York vanished behind them.

As the bus passed through New Jersey, they began to notice Vingo. He sat in front of them, dressed in a plain, ill-fitting suit, never moving, his dusty face masking his age. He kept chewing the inside of his lip a lot, frozen into some personal cocoon of silence.

Deep into the night, outside Washington, the bus pulled into Howard

Johnson's, and everybody got off except Vingo. He sat rooted in his seat, and the young people began to wonder about him, trying to imagine his life: perhaps he was a sea captain, a runaway from his wife, an old soldier going home. When they went back to the bus, one of the girls sat beside him and introduced herself.

"We're going to Florida," she said brightly, "I hear it's really beautiful."

"It is," he said quietly, as if remembering something he had tried to forget.

"Want some wine?" she said. He smiled and took a swig. He thanked her and once again returned to his silence. After a while, she went back to the others, and Vingo nodded in his sleep.

In the morning, they awoke outside another Howard Johnson's. And this time Vingo went in. The girl insisted that he join them. He seemed very shy, and ordered black coffee and smoked nervously as the young people chattered about sleeping on beaches. When they returned to the bus, the girl sat with Vingo again, and after a while, slowly and painfully, he told his story. He had been in jail in New York for the past four years, and now he was going home.

"Are you married?"

"I don't know."

"You don't know?" she said.

"Well, when I was in jail I wrote to my wife," he said. "I told her that I was going to be away a long time, and that if she couldn't stand it, if the kids kept asking questions, if it hurt too much, well she could just forget me. I'd understand. 'Get a new guy.' I said. She's a wonderful woman, really something and forgets about me. I told her she didn't have to write to me. And she didn't. Not for three and a half years."

"And you're going home now, not knowing?"

"Yeah," he said shyly. "Well, last week, when I was sure the parole (假释) was coming through, I wrote her again. We used to live in

Brunswick, just before Jacksonville, and there's a big oak tree just as you came into town. I told her that if she'd take me back, she should put a yellow handkerchief on the tree, and I'd get off and come home. If she didn't want me, forget it — no handkerchief and I'd go on through."

"Wow," the girl exclaimed. "Wow."

She told the others, and soon all of them were in it, caught up in the approach of Brunswick.

Activity 1: At the weekly reading circle, your teacher introduces Pete Hamill's famous article *Going Home* to you. Read the article and fill the following chart.

1. Fill the chart with the key elements of the passage. (指向目标1)

who	
when	
where	
what	

2. Sort out the timeline and the related events according to the passage. (指向目标1)

When the young people boarded the bus, _____

As the bus passed through New Jersey, _____

Deep into the night, _____

In the morning, _____

3. What is Vingo's story about his wife and himself? (检测目标1)

4. Did Vingo love his wife? Figure out the related information to support your idea. (检测目标1)

Activity 2: Put the underlined words into different categories and discuss the possible cases of using each word.

1. Sort out the underline words into four categories. (指向目标2)

143

people	
objects	
places	
actions	

2. Tick the words that may be used and discuss the possible plots where they can be used. (检测目标 2)

☐ Vingo   ☐ silence   ☐ the young people   ☐ approach

☐ home   ☐ married   ☐ wife   ☐ Brunswick

☐ oak tree   ☐ handkerchief

Tip: Tick any word you want and state your reason.

Activity 3: After reading the passage, you find the last two paragraphs are missing with only two sentences left. Set the possible plots by answering the questions based on the sentences given.

According to the whole passage and the given sentence in Para. 1, answer the questions. (指向目标 3)

The young people looked at the pictures Vingo showed them of his wife and three children. _____

1. What did the woman and children look like in the pictures and what might the young people say about the pictures?

2. What was the atmosphere on the bus before it got to Brunswick?

3. How did Vingo and the young people feel when Brunswick approached? Were there any differences?

4. Would there be a yellow handkerchief on the oak tree? What would the young people react?

According to the whole passage and the given sentence in Para. 2, answer the questions. (检测目标 3)

Vingo sat there stunned, looking at the oak tree. _____

1. What did the oak tree look like?

2. How did the young people react when seeing the oak tree?

3. What did Vingo do? Did he finally go home?

Activity 4: Build up your vocabulary.

1. Accumulate expressions describing a nervous person. (指向目标 4)

tighten one's face   heart beats wildly

_____   _____

_____   _____

Tip: You can consult the dictionary if necessary.

2. Translate the following sentences. (检测目标 4)

(1) 照片上的女人朴素得很好看,身边的三个孩子稚嫩天真。

The women in the picture _____

(2) 公交车里笼罩着一层昏暗的沉寂,充满了多年未归的焦虑。

The bus _____

(3) 随着公交离 Brunswick 越来越近,Vingo 紧绷着脸,坐立难安,紧张不已。

With the bus approaching Brunswick, _____

(4) 年轻人瞪大了眼睛,目不转睛地盯着远处,等待着奇迹的发生。

The young people _____

(5) 所有的年轻人从座位上跳起来,笑着叫着,欢呼着,手舞足蹈。

All the young people _____

Activity 5: Continue to write. (指向目标 5)

Paragraph 1:

The young people looked at the pictures Vingo showed them of his wife and three children. _____

_____

Paragraph 2:

Vingo sat there stunned, looking at the oak tree. _____

_____

评分标准:1. 与原文融洽度高,与两段首句衔接合理;2. 内容丰富,使用五个以上划线词;3. 使用语法结构和词汇丰富、准确,关注语言能力;4. 有效使用连接词,使全文结构紧凑、内容连贯,关注思维品质、语言能力。

Exchange your writing with your partner and polish the writing. (检测目标 5)

【学后反思】

Reflect on what you've learned describing a nervous person during the class and write them down to consolidate your language.

设计者:

单元概览:马伊雯

第一课时单元导学:马伊雯　高军

第二课时心理描写:马伊雯

第三课时动作描写:郁晓丽

第四课时外貌描写:马　皓

第五课时环境描写:马　皓　俞秋燕

第六课时实战演练:马伊雯

04 我国的经济制度与经济体制

单元概览

一、你愿意接受挑战吗

在嘉兴的经济发展中,各种所有制企业都做出了巨大贡献。面对2020年的新冠疫情,如何降低疫情的影响,维持企业发展,是摆在企业领导人面前的新课题。

组别	所有制	具 体 企 业
1	国有	嘉兴市交通投资集团有限公司、嘉兴恒创电力集团公司、嘉兴市水务投资集团有限公司、嘉兴市城市投资发展集团有限公司
2	集体	嘉兴市褚大姐农业科技有限公司
3	民营	五芳斋集团股份有限公司、浙江嘉欣丝绸股份有限公司
4	外资	爱芬食品嘉兴有限公司、东海橡塑嘉兴有限公司
5	混合所有制	海盐县同丰农业发展有限公司

分组调查嘉兴的不同所有制企业的发展情况,了解不同所有制企业发展的历程、现状和这些企业的经济效益及社会贡献度,为这些不同所有制企业在疫情下更好地发展提出建议。

要解决以上问题,你知道需要先做哪些知识准备吗?我们一起来了解一下本单元的知识体系。(见图2-4-1)

本单元是高中政治中经济生活知识的起始内容,学生初中时已经学习过一些关于这部分内容的浅显知识,学完本单元后,我们将展开具体经济活

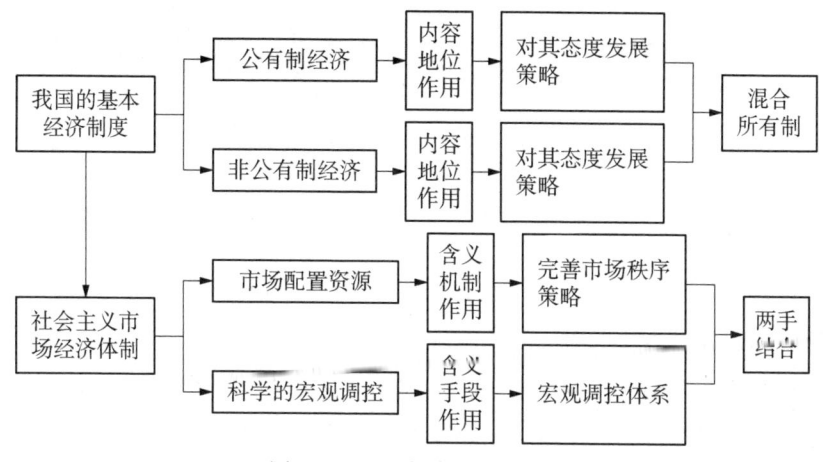

图 2-4-1 本单元知识架构

动的学习。然而,这部分知识无论是在知识理解、学习方法和思维方式方面与初中有很大差异。为了有利于学生建立新旧知识之间的联系,本单元在教学内容的组织上注重初高中知识的衔接,通过引入鲜活的生产、生活案例,一方面展示这部分知识在解决实际问题时的价值,另一方面说明为了解决现实世界中不断出现的新问题,知识需要不断地发展,我们对知识也需要不断地拓展。在学习过程的设计上,以"学会"为逻辑起点,确立学习目标,设计用于检测学习目标达成的评价任务。围绕每一条学习目标,精心设计问题串启发思考,引领同学探究知识背后的故事,知其然并知其所以然。在学历案上预留了许多"空白",供学生学习时书写之用。学历案后面为每课时配置的作业都是经过精选的,分 A 组和 B 组,难度有差异,B 组是选做的。这些习题对检测目标、提高能力、应对高考具有积极意义。

二、你需要学什么

表 2-4-1 本单元学习内容与课时安排

大任务	课时内容	指向学科核心素养	课时
分组调查嘉兴的不同所有制企业的发展情况,运用本单元知识为这些企业在疫情下更好地发展提出建议	单元导学	—	1
	公有制主体地位及其体现	科学精神	1
	多种所有制经济共同发展	科学精神	1
	坚持和完善基本经济制度	政治认同	1
	市场配置资源	科学精神	1
	科学的宏观调控	科学精神	1

(续表)

大任务	课时内容	指向学科核心素养	课时
	社会主义市场经济体制的特点	政治认同	1
	单元小结与拓展学习	政治认同、科学精神	1

三、你将会学什么

1. 通过"基本经济制度""社会主义市场经济体制"知识的学习,说明基本经济制度、社会主义市场经济体制的内容及制度产生的背景,形成对我国经济发展的总体认知,初步运用中国特色社会主义政治经济学的基本观点来观察和分析经济社会现象,初步掌握辩证的、历史的思维方式,提升思维迁移和综合能力,发展科学精神素养。

2. 通过"基本经济制度的优越性""社会主义市场经济制度的优越性"知识的学习,列举制度实施后对经济发展的巨大贡献,阐明其原因,坚信中国特色社会主义道路是国家富强、人民幸福的根本保障,增强道路自信,发展政治认同素养。

3. 通过"完善基本经济制度""完善社会主义市场经济体制"知识的学习,说明完善制度的必要性,能结合具体事例尝试对完善基本经济制度提出建议,初步具备公共参与意识、知识与能力,发展公共参与素养。

四、给你支招

1. 我国的经济制度和经济体制是高中经济生活中最为重要的内容之一,是高中政治教学重点,也是高考的热点。通过理论与生活紧密联系,帮助大家感受社会主义制度优越性。通过本单元的学习,认识我国各种所有制经济在国民经济中的地位与贡献,体会市场经济体制建立的不易与必要性,增强运用所学知识解决实际问题的能力。本单元介绍的理论学习的方法具有普适性,在其他内容学习中有广泛应用。

2. 本单元的学习路径为:结合本地经济发展实例,以"为什么要坚持两个毫不动摇"为议题,探究我国社会主义基本经济制度的优越性。结合疫情下企业的发展,以"怎样保持经济平稳运行"为议题,探究正确运用宏观调控手段,实现宏观调控目标。通过查阅报刊、收看新闻等方法,进一步加深对知识的理解。教辅资料上的一些经典题型可以参考。判断是否学会的依据是:能熟练运用所学知识,解决单元大任务及单元作业与检测中的问题。

3. 本单元中,公有制经济的主体地位、坚持基本经济制度不动摇、市场配置资源、科学的宏观调控等知识及其运用,既是重点,又是难点。你可以通过关注重点字词、剖析典型事例、运用对比分析法、辩证思考等方法来理解重点,突破难点。

4. 拓展学习资源:本课内容在日常生活中的体现与运用非常多,你可以结合新闻联播、焦点访谈等新闻类节目的观看进行思考;也可以在浙江名师网高中思想政治学科名师工作室中找到相关的学习资料,如PPT、课后练习等,供学习参考。

学习进程安排

第一课时　单元导学

【学习目标】

1. 通过实例,初步了解各种所有制经济、市场配置资源、政府的宏观调控等知识,体会这些知识在生活中的广泛运用。

2. 初步比较"主体""决定性""两个毫不动摇""两手抓"等概念,增强全面看问题和有重点地分析问题的意识。

3. 结合实例,理解本单元的学习方法和注意事项。

【评价任务】

1. 完成任务一中的思考1-2,1-4。(检测目标1)

2. 完成任务二中的思考2-2。(检测目标2)

3. 完成任务三中的思考3-1。(检测目标3)

【学习过程】

任务一:认识各种所有制经济、市场、宏观调控。(指向目标1)

材料1:火神山医院从启动到建成,仅仅用了十天时间。中国电信利用云部署,仅用12小时就完成火神山医院的信息系统建设。200多名国家电网武汉供电公司的施工人员用一周时间顺利完成任务。施耐德电气(中国)有限公司紧急援建的电气设备所有核心元器件在两天内完成交付。联想集团提供2000多台计算机,TCL集团提供公共LCD显示屏,小米集团提供平板电脑,来自淘宝的店主金辰昼夜赶工,为火神山工地的工人捐赠400个板凳……

思考1-1：根据材料1,你知道这些企业的所有制性质吗？说出你的判断依据。

思考1-2：分析这些企业在我们的生活中的作用。（检测目标1）

材料2：新冠肺炎疫情使不起眼的"口罩"一度十分热销,价格大幅度上涨。国内许多非口罩生产企业纷纷转产生产口罩,引进设备,培训工人,短时间内使我国的口罩产能大大提高。我国生产的医用口罩几乎都是统一管理、统一调拨。其他防疫物资、药品也曾一度出现了短缺和价格上涨,包括防护服、手套、酒精、消毒液、板蓝根、清开灵、双黄连等。为了帮助企业顺利复工生产,国家出台了《关于进一步强化金融支持防控新型冠状病毒感染肺炎疫情的通知》：加大对疫情防控相关领域的信贷支持力度,特别是加强制造业、小微企业、民营企业等重点领域的信贷支持。

思考1-3：根据材料2,简要归纳市场的行为和政府的作为。

思考1-4：透过上述行为,你感受到了社会主义市场经济有哪些特点？你对这些特点有何评价？（检测目标1）

提示：经过初中的学习,我们能大致地区分公有制经济和非公有制经济,但是要说出判断依据,还需要学习不同所有制经济的具体内容与特征。根据材料,同学们能初步判断哪些是市场行为,哪些是政府作为,但是要从理论上归纳这些材料,还需要学习市场机制的作用、政府的宏观调控等知识。以上知识正是本单元将要学习的内容。回答上述思考题需要运用全面、辩证看问题的思维方法,这正是高中学习中需要加强训练的。

任务二：认识重要概念。（指向目标2）

思考2-1：速读书本第3—7页,将重点概念圈划出来并说说如何区分"主体"与"主导"？

如何理解"支柱"？如何区别"两个毫不动摇"？

思考2-2：为什么要区分这些重要概念？（检测目标2）

提示：回答思考2需要运用全面地看问题的方法、重点论与两点论相统一的思维方式,这是高中学习要重点培养的。

任务三：了解本单元的学习内容、方法和注意事项。（指向目标3）

1. 知识结构：参见"单元概览"中的图2-4-1。

2. 单元大任务：

学完本单元后大家要去做一件事：完成"单元概览"中表格1的"大任务"。

3. 学习方法：

学习本单元知识时,需要用到的方法有：情境学习法,对比学习法,关键字思考法,综合思维方法。

4. 注意事项：

（1）要重视概念的表述和理解。概念需要记忆的,要记住概念是什么,能用自己的语言来表述；理解一个概念,要"三会",即会表述、会举例、会判断。

（2）要培养综合思维方式。在理解单个知识点的基础上,思考知识点与知识点之间的联系,会整体、系统地思考问题。

（3）要善于联系实际思考问题。如结合你身边的超市、公司,疫情中的国家力量等进行思考。

思考3-1：你是否明确本单元要学习的内容？你是否已经清楚学习本单元的将用到哪些方法,注意事项是什么？（检测目标3）

任务四：小结与反思。

（1）通过本节课的学习,请你谈谈本单元将学什么,以及需要的学习方法。

（2）你觉得学习本单元知识对你有何意义？

第2课时　主体地位及其体现（略）

第3课时　多种所有制经济共同发展（略）

第4课时　坚持"两个毫不动摇"（略）

第5课时　市场配置资源（略）

第6课时　科学的宏观调控（略）

第7课时　社会主义市场经济体制的基本特征（略）

第8课时 单元小结与拓展学习(略)

作业与检测题示例：

情境1：火神山建设紧急命令： 首先，由中建三局牵头，武汉建工、武汉市政、汉阳市政等企业参建，在武汉知音湖畔5万平方米的滩涂坡地上，指挥7500名建设者和近千台机械设备，向全体国人和倍受煎熬的武汉市民立下军令状——十天，建成一所可容纳1000张床位的救命医院。紧接着由北京中元国际工程设计研究院在78分钟内，将17年前小汤山医院的设计和施工图纸全部整理完善完毕。然后无保留地提交给武汉中信建筑设计院，并由全国勘察设计大师黄锡璆博士反复校对修改。然后武汉航发集团，迅速进场开始场地平整、道路以及排水工程施工；同时由多家行业龙头企业高能环境、东方雨虹、兴源环境、银江环保等组成紧急工程建设团队，负责防渗工程、污水处理和医疗垃圾转运设施建设；还要在最困难的时候召唤中铁工业旗下中铁重工，火速增援追赶工期。此外，专业设备必不可缺，需要联影医疗、上海信投、东软集团的CT设备、潍坊雅士股份的ICU病房和手术室专用医疗空调、上海集成电路行业协会的热成像芯片、上海昕诺飞的930套紫外消毒灯、欧普照明的专业照明设备、乐普医疗的2000支电子体温计与700台指夹血氧仪、汇清科技和奥佳华的专业空气净化器、猎户星空的医疗服务机器人、欧亚达家居的物管团队和床铺物资。

任务1： 分小组查询两到三家"紧急命令"中涉及的企业的所有制性质和他们当下的作为，以书面报告形式说明他们在统筹抗击疫情和经济发展中发挥的作用。

情境2：抗疫之路漫漫： 在抗击新冠肺炎疫情的斗争中，国家主席习近平亲自指挥、亲自部署，精准统筹配置全国医疗资源驰援湖北，十天建成武汉火神山医院、半个月建成武汉雷神山医院，全国各地踊跃地向湖北捐款、捐赠医用物资，全国多部门联合攻关疾病诊治、疫苗药物研发，并取得重要进展，生动诠释了中国速度、中国规模、中国效率，中国的制度优势充分彰显。

最近国内出现多点零星散发病例甚至局部聚集性疫情，冬季疫情防控形势严峻，在此背景下，国家强调坚持点面结合，迅速精准处置，有效阻断病毒传播，不给病毒可乘之机，以更坚决的态度、更严密的措施，落实各项常态化防控任务,确保打赢疫情防控阻击战。人们不禁担心:疫情会越来越严重吗? 2021经济能继续保持增长吗?

任务2:结合情境和生活经验,运用本单元所学知识以"树立抗疫信心"为主题撰写一篇1000字的演讲稿,题目自拟。

评价说明:

第(1)题:答出"每家企业的所有制性质"说明初步掌握了所有制判断的知识和能力。答出"不同所有制企业的地位和所起的作用"说明已能结合实际运用比较、辩证、联系等学习方法,具备一定的科学精神素养。答出"公有制经济能集中力量办大事"说明已体会到社会主义制度的优势,具备一定的政治认同素养。

第(2)题:写出"公有制经济的主体地位和表现、国有经济的作用、社会主义市场经济的基本特征"等说明具备了分析此问题所需的基础知识。写出"科学的宏观调控、国家力量"说明具有能精准抓住关键词的能力,并能高度概括,联系现实准确提炼观点,具备初步的科学精神素养。写出"基本经济制度的变迁、全球视野下的抗疫背景"说明能够运用辩证唯物主义和历史唯物主义的观点来分析现实,具备较高的科学精神素养和政治认同素养。

设计者:冯黎敏

05 民族交融与统一多民族封建国家的发展(220—960年)

单元概览

一、你愿意接受挑战吗

第19届亚洲运动会将于2022年9月10日至9月25日在中国杭州举行。为了向外国友人介绍悠久灿烂的中华文明,请你以隋唐盛世为例,选取一个角度(如:制度创新、经济发展、文化繁荣、民族交融、对外交流等),做一份宣传材料,形式不限(海报、PPT、网页、微视频等),题目自拟。

要完成上述任务,我们需要学习本单元:三国两晋南北朝的民族交融与隋唐统一多民族封建国家的发展。首先,让我们浏览一下本单元在《中外历史纲要(上)》教材中的位置。(见图2-5-1)

图2-5-1 人教版《中外历史纲要(上)》知识架构

本单元是新教材《中外历史纲要(上)》第二单元,初中所学"赤壁之战与三国鼎立、北魏孝文帝改革、隋的统一与覆灭、贞观之治、安史之乱"等是本单元的前备知识。初中教材以专题史方式分别讲述古代中国各朝代的疆域变迁、民族交融、对外交流、思想文化领域的概况,整个中国古代史浓缩在一个单元的篇幅之中,而三国至隋唐五代这一时段的内容零星分散在单元的每一课中。高中教材的单元以断代史体例,更细致入微地展现时代特征,并渗透通史意识,要求我们感悟历史发展的基本趋势。这需要对历史进行理性思考,比如,你是否看到了三国两晋南北朝在大分裂、大动荡、大交融中隐含的活力?唐太宗、武则天、唐玄宗等政治家与隋唐盛世的出现有什么关系?李白、杜甫、吴道子等文化巨匠的出现是偶然还是必然?这些问题充分渗透了唯物史观、历史解释、家国情怀等历史核心素养,要求你不仅知其然,而且知其所以然。因此,高中学习的挑战性更大,学习的获得感也更强。同学们拿到学历案以后,须认真阅读学习目标,明确学习范围和要求,做好前备知识的预习。学历案后面有若干精选练习题,题目对于检测目标、锻炼能力、提升素养具有重要意义。

二、你需要学什么(见表 2-5-1)

表 2-5-1　本单元学习内容与课时安排

大任务	课时内容	指向学科核心素养	课时
以"你愿意接受挑战吗?"提供的情境为背景,结合"隋唐盛世"相关史实,选取一个角度(如:制度创新、经济发展、文化繁荣、民族交融、对外交流等),做一份宣传材料	单元导学	—	1
	三国两晋南北朝的政权更迭与民族交融	唯物史观、时空观念、历史解释	1
	从隋唐盛世到五代十国	史料实证、唯物史观、时空观念	1
	隋唐制度的变化与创新	史料实证、历史解释	1
	三国至隋唐的文化	史料实证、历史解释、家国情怀	2
	单元小结与拓展学习	时空观念、史料实证、家国情怀	1

三、你将学会什么

1. 通过整理本单元目录和每课的子目录,绘制三国至五代十国的大事年表时间轴,知道本单元的时间范围;观察不同时期的中国历史地图,比较这一时段中国疆域范围的变化;树立大历史观,发展时空素养。

2. 通过阅读,从三国两晋南北朝政权更迭、区域开发、民族交融三个方面把握时代特征,发展历史解释素养。

3. 通过阅读,理解"贞观之治""开元盛世""曲辕犁""唐蕃会盟碑""安史之乱""藩镇割据"等历史概念,体会国家由分裂到统一的历史必然性和曲折性,树立唯物史观。

4. 列表梳理三国两晋南北朝和隋唐时期在制度建设、民族关系、思想文化领域各自取得的成就;小组讨论比较两者的联系与区别,进一步体会分裂到统一的历史必然性,发展家国情怀素养。

四、给你支招

1. 本单元为新教材《中外历史纲要》上册第二单元,原标题是"三国两晋南北朝的民族交融与隋唐统一多民族封建国家的发展",现改为"民族交融与统一多民族封建国家的发展(220—960年)",时间范围更加明确,也弥补了原标题未能涵盖五代十国的不足。

2. 本单元分两个阶段表述,而未直接合起来表述为"三国两晋南北朝与隋唐时期的民族交融和大一统的发展",主要是为了突出阶段性及其突出特征:三国两晋南北朝更强调国家分裂时期的民族交融,隋唐时期更突出大一统的时代特征。

3. 本单元时间跨度大,涉及内容多,课时1和课时2可以通过绘制单元大事年表,理清各事件之间的因果联系;课时3、课时4可以分别绘制表格对比两个时段的异同。

4. 历史的素材是多方面的,可以结合教材中的图片、地图、"历史纵横"等资源加深对重点知识的理解,突破难点。还可以挖掘语文、美术课中的资源如诗歌、绘画、书法作品来印证教材中的观点。

学习进程

第1课时　单元导学

【学习目标】

1. 通过阅读本单元教材,制作大事年表,理清单元目录与每课时的小目录,知道本单元的时间跨度、空间范围,初步了解本单元的知识框架。

2. 通过阅读教材、查阅工具书和小组讨论,理解本单元重要历史概念。

3. 通过了解三国两晋南北朝至隋唐时期的历史脉络,初步认识三国两晋南北朝与隋唐大一统两个时期国家分裂与统一之间的关系,概括这一时段内历史发展的基本趋势。

4. 在完成前三个环节的基础上,构建本单元的知识图谱,了解学习方法和注意事项。

【评价任务】

1. 完成任务一中的活动1-2、思考1-2。(检测目标1)

2. 完成任务二中的思考2-1、思考2-2。(检测目标2)

3. 完成任务三中的思考3-2。(检测目标3)

4. 完成任务四中的思考4-1、思考4-2。(检测目标4)

【学习过程】

前备知识:

1. 初中已学有关本单元的历史和地理知识;

2. 《现代汉语词典》中的《我国历代纪元表》;

3. 中小学必背古诗词中能反映唐朝历史的诗歌。

任务一:绘制大事年表、识别重要地图。(指向目标1)

活动1-1: 任选并完成下列一个任务:①查阅《现代汉语词典》附录《我国历代纪元表》,绘制三国到五代十国的朝代更替表。②阅读教材,利用每一课的大、小标题编写本单元的目录结构图。

思考 1-1：三国到五代十国这一时段中,建立了大小数十个政权,找一找哪些属于少数民族政权?在哪个时期少数民族政权最多?

提示："少数民族"是指在我国除主体民族汉族以外的其余 55 个法定民族。他们的先民与汉族共同开发了中国及中国周围的广大地区。他们的名称有变化沿革：如唐朝的回纥就是今天维吾尔族的祖先;唐朝的靺鞨、宋元时期的女真到明清时期的满族也有前后沿袭的特点。

活动 1-2：观察配套图册第 29 页上的"唐前期形势图",请你画出唐朝疆域草图,并在草图上标明唐朝前期周边少数民族所在的大致位置。(检测目标 1)

① 室韦　② 靺鞨　③ 吐蕃　④ 西突厥　⑤ 东突厥　⑥ 回纥

思考 1-2：观察配套图册第 19-32 页上"三国鼎立形势"、"东晋十六国形势"、"隋朝形势"、"五代十国前期形势"四幅地图,分小组讨论,分别指出各时期疆域范围的特点。(检测目标 1)

提示：结合"活动 1-1"整理的朝代更替表,归纳各时期疆域的特点。

任务二：解释重要概念。(指向目标 2)

活动 2-1：小游戏——"你说我猜"：2 人一组,一人解释概念,另一人猜出概念名称。可以分两个小组 PK,猜出概念多的一组获胜。游戏规则：解释的内容中不能出现概念中的字;解释不出或猜不出可以放弃。

需要解释的名词有：诸葛亮、曹操、鲜卑族、蜀汉、南北朝、五胡乱华、六朝、士族、十六国、北魏孝文帝、淝水之战、安西都护府、曲辕犁、贞观之治、京杭大运河、唐玄宗、武则天、松赞干布、回纥、突厥、天可汗、开元盛世、隋炀帝、黄巢起义、藩镇割据、朋党之争、唐蕃会盟碑、周世宗柴荣、九品中正制、三省六部制、科举制、均田制、两税法、租庸调制、范缜、陶渊明、诗仙、诗圣、画圣、书圣、建安文学、颜真卿、顾恺之、龙门石窟、贾思勰、《禹贡地域图》、赵州桥、孙思邈、玄奘、遣唐使、丝绸之路、鉴真、雕版印刷、柳公权、怀素

思考 2-1：唐朝诗歌繁荣,不仅是文学史上的一个重要阶段,也是重要的史学资料。下列诗句分别与哪一历史概念有关?请将对应的编号填入诗句后的横线上。(检测目标 2)

A. 开元盛世　　　B. 科举制　　C. 安西都护府　　D. 南北朝
E. "诗仙"与"诗圣"　F. 曹操　　G. 诸葛亮　　　　H. 遣唐使

I. 京杭大运河　　J. 安史之乱

(1) 春风得意马蹄疾,一日看尽长安花。_____
(2) 忆昔开元全盛日,小邑犹藏万家室。_____
(3) 若无水殿龙舟事,共禹论功不较多。_____
(4) 劝君更尽一杯酒,西出阳关无故人。_____
(5) 国破山河在,城春草木深。_____
(6) 东风不与周郎便,铜雀春深锁二乔。_____
(7) 出师未捷身先死,长使英雄泪满襟。_____
(8) 李杜文章在,光焰万丈长。_____
(9) 商女不知亡国恨,隔江犹唱后庭花。_____
(10) 日本晁卿辞帝都,征帆一片绕蓬壶。_____

提示:文学作品虽有虚构、夸张等艺术再加工过程,但都是时代的反映。使用文学作品研究历史,注意跟其他史料相互印证。

思考2-2:请用1分钟时间与同学分享一下理解历史概念有哪些诀窍。(检测目标2)

任务三:根据材料提供的信息说明分裂与统一的关系。(指向目标3)

活动3-1:三国到隋唐再到五代十国,经历了从分裂到大一统再到分裂的过程,再现了《三国演义》卷首语"话说天下大势合久必分,分久必合"的历史现象。阅读下列材料,回答问题。

材料:

五代十国虽然仍是军阀专政的时代,但与唐朝末年相比,割据的状态趋于稳定,割据的势力趋于弱化,统一的迹象已经渐露端倪。……中原政权……采取了种种方法削弱各地藩镇的力量。例如:将禁军与藩镇武装混合配置,共同行动,以收牵制和监督之效;检选地方骁勇精壮之士补充到禁军中来,有的则是直接从藩镇兵中抽调;逐渐将节度使的任免权收归中央,对节度使的任期和移调也做了更加严格的限制,以免他们结成死党、构成巢穴。……五代的削藩过程,实际上就是在新的历史条件下专制君权重新酝酿的过程。在唐朝制度体系崩溃以后,五代时期的各割据政权先在自己统辖的范围内从事区域性、阶段性的秩序重建,为新的统一王朝的建立准备了条件。此后宋朝赖以巩固和统一的各种措施,就是吸收了五代时期的削藩经验而来的。

——卜宪群总撰稿《中国通史：隋唐五代两宋》

思考 3-1：概括上述材料的主要观点。以此为论据，评价《三国演义》卷首语"话说天下大势合久必分，分久必合"的说法。

思考 3-2：结合材料和所学知识，三国两晋南北朝这一大分裂的时代为隋唐大一统提供了哪些条件？五代十国为宋的统一提供了哪些经验？（检测目标3）

提示：概括材料观点，注意抓住关键词。

任务四：了解本单元的知识框架和学习方法。（指向目标4）

1. 知识结构：

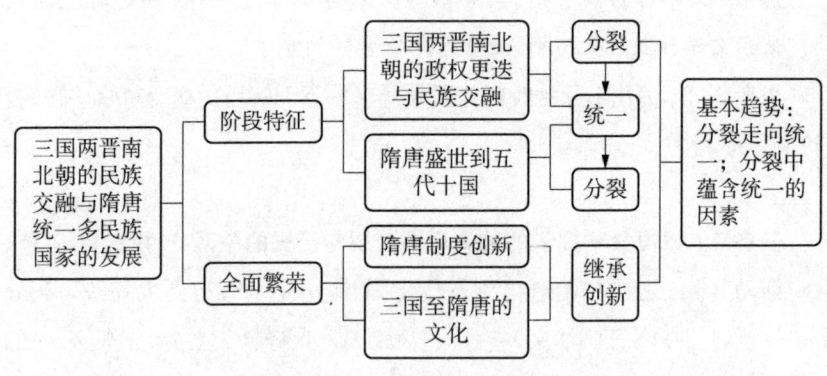

图 2-5-2　单元知识体系图示

2. 单元大任务

学完本单元知识后，大家用所学的知识，参考本单元学历案前面提供的"挑战性任务"进行研究性学习，为杭州亚运会交流活动做一份宣传材料，向外国友人介绍中国的隋唐盛世。

3. 育人意义：对发展唯物史观、时空观念、史料实证、历史解释、家国情怀等历史核心素养有重要意义。（如图 2-5-3 所示）

思考 4-1：你是否明确本单元要学习的内容和"大任务"？你能说出本单元内容与前后单元之间的联系吗？（检测目标4）

4. 学习方法

在上面的学习过程中，我们初步接触了绘制大事年表、阅读历史地图、

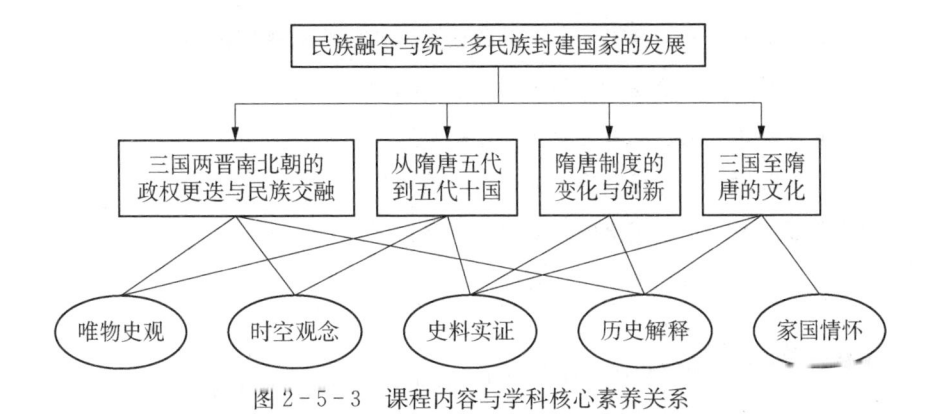

```
                    民族融合与统一多民族封建国家的发展
        ┌───────────────┬───────────────┬───────────────┐
  三国两晋南北朝的      从隋唐五代        隋唐制度的         三国至隋
  政权更迭与民族交融    到五代十国        变化与创新         唐的文化

   唯物史观    时空观念    史料实证    历史解释    家国情怀
```

图2-5-3 课程内容与学科核心素养关系

论从史出、史论结合、归纳概括等学习方法。历史的证据不仅来自正史文献、实物资料,还可以参考反映该时期的文学作品。尽管文学作品有虚构之处,但一定时期的文艺创作,都不可避免地带上时代的烙印。我们加以辨别印证以后,可以把文学作品当作史料。但文学毕竟不同于历史本身,所以对于文学作品中的结论,也要多加思辨,用唯物史观指导历史研究。

5. 注意事项

(1) 历史学习离不开地理、语文、政治等学科知识的辅助。

(2) 本单元线索清晰,但内容繁杂,在上新课前要进行充分的复习和预习,明确新旧知识的范围。

(3) 教材内容编排以纲要为主,线条粗放,缺少细节,可选择性阅读黄永年《唐史十二讲》、张帆《中国古代简史》、岑仲勉《隋唐史》、陈寅恪《隋唐制度渊源略论稿》等学术专著。

思考4-2: 你是否已经清楚学习本单元用到了哪些方法?你还有哪些课外资料(史学专著、影视作品等)推荐给其他同学?(检测目标4)

任务五: 小结与反思。

1. 通过本课学习,你是否已经清楚本单元的结构?请分别用若干关键词概括三国两晋南北朝和隋唐时期的时代特征。

2. 通过本课学习,你了解了哪些学习历史的方法?你还有哪些概念并不明确?

第 2 课时　三国两晋南北朝的政权更迭与民族交融(略)

第 3 课时　从隋唐盛世到五代十国(略)

第 4 课时　隋唐制度的变化与创新(略)

第 5 课时　三国至隋唐的文化(1)(略)

第 6 课时　三国至隋唐的文化(2)(略)

第 7 课时　单元小结与拓展学习(略)

作业与检测题示例：

有学者指出：科举制不是一个单纯的考试制度,它将社会结构紧密地联系起来,形成一个多面互动的整体,一直发挥着无形的统合功能。阅读材料,回答问题。

材料一　科举之善,在能破朋党之私。……前此选举,皆权在举之之人,士有应举之才,而举之不及,夫固无如之何。既可(科举)……不能应试者,有司虽欲徇私举之而不得。苟能应试,终必有若干人可以获举也。此实选举之官徇私舞弊之限制……

——吕思勉《中国制度史》

材料二　渐渐地,这些考试(指科举)开始集中于文学体裁和儒家正统观念,最后结果是形成一种制度,为中国提供了一种赢得欧洲人尊敬和羡慕的、有效稳定的行政管理。……只要中国仍相对地孤立在东亚,它就会继续提供稳定性和连续性。

——摘编自[美]斯塔夫里阿诺斯《全球通史》

材料三　作为一种上千年的文化存在,科举显然有其客观的历史合理性,否则我们就无法解释其存在的持久性。……科举的创新之处就在于不仅为社会底层的知识分子提供了持续流动的可能性,而且将其制度化。……科举制度的最大合理性在于它那"朝为田舍郎,暮登天子堂"式的"机会均等"……的机制,对知识分子的社会心理是一种塑造,客观上激励了个人的奋斗精神。

——薛明阳《中国传统文化概论》

(1) 依据材料一并结合所学知识,指出汉晋时期的选官制度,并通过与上述选官制度的比较,说明科举制的历史进步性。

(2) 依据材料二并结合所学知识,说明科举制所具有的功能。

(3) 依据材料三,说明科举制对现代人才选拔制度的历史借鉴价值。

评价说明:

第(1)题:答出"察举制、九品中正制"说明初步掌握了三国两晋南北朝时期的制度变化的知识;答出"有利于破除结党营私之弊、限制了徇私舞弊的发生"说明已能运用论从史出、概括归纳等史学方法,并具备一定的史料实证能力;答出"打破了世家大族垄断官场的特权、扩大了官员的来源、提高了官员的文化素质"说明具备一定的历史解释素养。

第(2)题:答出"加强中央集权"说明记住教材上的知识;答出"强化儒家思想的正统地位;维护文化的稳定性和联系性"说明有能从材料中获得信息的能力,并具备一定的史料实证、历史解释素养。

第(3)题:答出"科举制有其客观的历史合理性、提供持续流动的可能性、机会均等、激励个人的奋斗精神"说明拥有从材料中获取信息的技能。答出"人才流动机制;公平选拔机制;人才激励机制"说明具有能精准抓住材料关键词的能力,并能高度概括材料内容,联系现实准确提炼观点,具备优秀的史料实证和历史解释素养。

设计者: 张美勤

06 产业区位选择

单元概览

一、你愿意接受挑战吗?

总部位于浙江杭州的某民营企业近年来致力于发展生态农业,面向全国选择农业基地。产品涵盖蔬果、肉蛋、水产等,主要供应旗下位于长三角地区的学校食堂和自营门店,采用养殖、加工、物流、仓储、销售一体的全产业链经营模式。浙江安吉是其应季绿叶蔬菜种植基地。为拓展企业经营业务,该企业决定在杭州余杭区布局观光和应季蔬菜采摘基地,提供别样的旅游项目;在云贵高原的泸西县设有冷凉蔬菜(指适宜在气候冷凉地区夏季生产的蔬菜,又叫夏秋蔬菜或错季蔬菜)种植基地。企业在做出以上决策前,着重研究了相关地理资料,如中国地形图、浙江安吉、云南泸西气候资料图等。

假如你是该企业市场部经理,为了竞标成为杭州G20峰会高品质蔬菜的供应商,请为该企业拟定一份竞标方案,内容包括:企业的总体发展理念及践行措施,企业蔬菜生产基地的优势、质量标准与产品特质等。

要解决以上问题,你知道需要先做哪些知识准备吗?我们一起来浏览一下本单元在高中地理必修Ⅱ中的地位与作用。

本单元是高中人文地理的核心内容,前面单元学习的城乡区位分析,是学习本单元的前备知识。学完本单元后,我们将继续学习区域发展战略、人地关系与可持续发展等。前面的"挑战题"能够帮助学生了解本单元学习的意义。为了有利于学生建立新旧知识之间的联系,本单元在教学内容的组织上注重不同单元知识的衔接,通过引入鲜活的生产、生活案例,一方面展示地理学科在解决实际问题时的价值,另一方面也说明,为了解决现实世界中不断出现的新问题,地理学科需要不断发展,人们的地理知识也需要不断地拓展。在学习过程的设计上,坚持以学生为读者的立场,以"学会"为逻辑起点,确立学习目标,设计用于检测学习目标达成的评价任务。围绕每一条学习目标,精心设计问题串,启发思考,引领学生探究知识背后的故事,能够知其然并知其所以然。在学历案上预留了许多"空白",供学生学习时书写之用。学历案后面为每课时配置的作业都是经过精选的,分 A 组和 B 组,难度有差异,B 组是选做的。这些习题对于检测目标、提高能力、备战高考具有积极意义。

本单元的知识框架如图 2-6-1 所示:

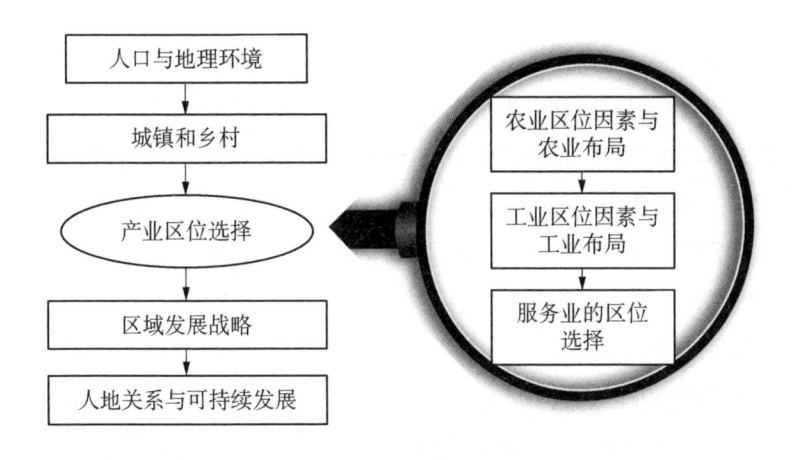

图 2-6-1　普通高中新教材地理湘教版必修Ⅱ知识架构

二、你需要学什么?（见表 2-6-1）

表 2-6-1　本单元学习内容与课时安排

大任务	课时内容	指向学科核心素养	课时
以"你愿意接受挑战吗?"提供的情境为背景,从产业活动区位条件分析角度为某企业提供市场销售竞标方案	单元导学	—	1
	农业区位因素与农业布局	综合思维、区域认知	2
	工业区位因素与工业布局	综合思维、人地协调观	2
	服务业的区位选择	综合思维、区域认知、地理实践力	1
	单元小结与拓展学习	综合思维、区域认知、地理实践力	1

三、你将学会什么？

1. 通过在地图中找到产业活动布局区域的地理位置，分析该区域布局该产业活动的区位条件，提升区域认知能力。

2. 通过材料的运用，从自然与社会经济、有利与不利等多种角度综合分析某产业活动的区位条件，会举例说明区位条件的变化，发展要素综合、时空综合等综合思维。

3. 通过实例认识产业活动对生态环境的影响，总结环境因素对某一产业活动布局的影响，树立因地制宜的人地协调观念。

4. 通过运用"谷歌地球"等地理软件收集地理信息，尝试模拟规划某产业活动布局，提升地理实践能力。

四、给你支招

1. 本大单元内容是"产业区位选择"，是高中人文地理部分最核心的内容；通过本主题的学习，有助于学生在学习完人口、城市两部分内容后，进一步提升人文地理素养与区位分析能力，对于形成人地协调观念、综合思维能力具有非常重要的作用。

2. 本主题内容的学习，可按以下逻辑顺序进行：

单元整体介绍——农业区位因素与农业布局——工业区位因素与工业布局——服务业的区位选择。

可通过典型产业活动区位条件讨论与口罩厂、呼吸机等产业活动的地域联系分析，从总体上认识产业活动的区位条件与地域联系；通过北方某地玉米种植发展的探讨，学会农业区位因素分析的一般方法，并应用于世界不同农业地域类型的分析之中；通过对不同工业类型的主导区位条件的分析与工业转移的原因分析，学会工业区位分析的一般方法，并加深对工业地域联系的理解。通过谷歌地球软件，对嘉兴商业分布地图等真实案例进行探讨，深刻认识影响服务业区位选择的主要因素。

3. 产业活动的区位条件分析是本单元的重点和难点，在学习过程中一方面应注重每一课时知识体系和思维导图的架构与提炼；另一方面应倡导师生共同搜集鲜活的课外案例，力争贴近社会生产生活，在增加课堂趣味性的同时，加强对案例的研究分析能力，提升综合分析素养。

4. 本单元是高中人文地理的主干知识，也是高考的热点，参考资料、习题比较丰富，许多网站上有关于产业活动区位条件的课例视频、课件、复习专题,教辅资料上的一些经典题型也可以参考。

学习进程

第一课时　单元导学

【学习目标】

1. 通过小组讨论分析生活中比较熟悉的某一产业活动的主导区位因素,认识不同产业活动区位选择的差异,并能够对具体某一案例进行评价和探究,提高自身分析问题并解决实际问题的能力,培养地理实践力和综合思维素养。

2. 通过对口罩生产厂商之间的联系、呼吸机主要零部件供应商及其出口流通过程与国内外企业相互合作等材料的分析,说出生产协作、商贸联系、科技与信息联系等产业活动地域联系的主要方式,树立因地制宜、扬长避短的理念,形成人地协调发展的核心素养。

3. 结合实例,了解本单元的知识体系、学习方法和注意事项。

【评价任务】

1. 完成任务一中的练习1-1、1-2。(检测目标1)

2. 完成任务二中的练习2-1、2-2、2-3。(检测目标2)

3. 完成任务三中的思考3-1,任务四中的思考4-1。(检测目标3)

【学习过程】

前备知识:区位的含义以及农业、矿业、工业和服务业的基本情况。

任务一:不同产业活动的区位选择。(指向目标1)

思考1-1:结合生活中见闻,说明农业、矿业、工业和服务业与自然环境的联系密切程度。

思考1-2:分析现代产业活动该怎样进行区位选择。

提示:本思考题建议通过以下形式来完成,将全班同学共分为3个小

168 组,分别选取材料图片中的一组产业活动(图2-6-2、图2-6-3为一组;图2-6-4为一组;图2-6-5、图2-6-6为一组),围绕思考1-2展开分析讨论,将讨论结果填入表格2-6-2,各组的报告人与全班同学进行分享。

材料一: 不同产业活动的相关图片。

图2-6-2 嘉兴凤桥水蜜桃 　　图2-6-3 黑龙江大庆油田

图2-6-4 浙江嘉兴雅莹服装有限公司

图2-6-5 嘉兴五芳斋中式快餐店 　　图2-6-6 西式快餐肯德基门店

表 2-6-2 "产业活动的区位选择"讨论成果记录表

产业活动部门	区位条件选择
农业、矿业	
工业	
服务业	

提示：产业活动的主要区位因素包括自然区位因素和经济区位因素，不同的产业活动有不同的区位选择。

练习 1-1：自 20 世纪 80 年代以来，香港的劳动密集型制造企业大量迁入内地。其迁移的主要原因是(　　)。(检测目标 1)

① 香港地价高　② 内地服务业发达　③ 内地工资水平较低　④ 香港人口数量剧减

A. ①②　　　　　　　　　B. ①③
C. ②③　　　　　　　　　D. ②④

练习 1-2：东莞本地人口约为 150 万，外来人口约为 200 万。现在东莞约有 3 000 多家电脑外围设备生产企业，已有"北中关村，南东莞"之说。外商在东莞投资电脑生产企业最主要的原因是(　　)。(检测目标 1)

A. 东莞临近香港，海洋运输便利

B. 东莞有大量廉价劳动力

C. 东莞经济发达，电脑消费市场广阔

D. 东莞环境优美，科技水平高

任务二：产业活动的地域联系。(指向目标 2)

材料一：2020 年，汹汹来袭的新冠病毒疫情使得口罩、呼吸机等多种医疗物资出现严重短缺。图 2-6-7 是中国国内口罩生产工艺流程图。

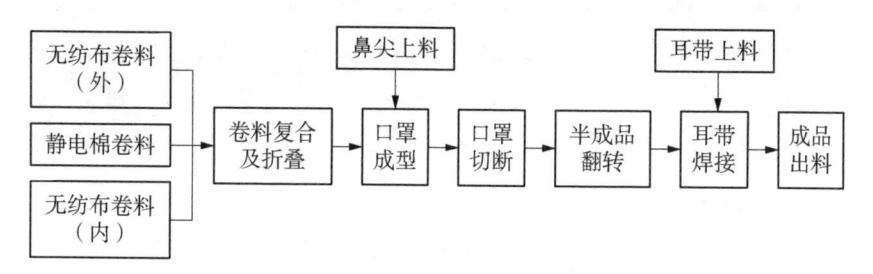

图 2-6-7　中国国内口罩工艺流程图

材料二：新冠肺炎的重症病人需要呼吸机辅助呼吸，因此呼吸机被视为抗疫的救命器材，曾经一度非常紧缺，制造难度也大。一台呼吸机由成百上千个配件构成，而配件供应商遍布全世界，国内呼吸机的生产所需的核心零部件主要依赖进口。表2-6-3为呼吸机部分核心零部件的供应商。

表2-6-3 呼吸机部分核心零部件的供应商

呼吸机部分核心零部件	公司
芯片	美国英特尔、美国德州仪器TI、瑞士意法半导体ST等
传感器	美国霍尼韦尔、美国泰科TE等
电磁阀	美国MAC、意大利康茂盛Camozzi等
压缩机	美国托马斯、德国EBM等

材料三：2020年，全球各地从中国大量订购呼吸机，如国内生产商迈瑞医疗其海外呼吸机订单量高达上万台，订单约排至6月份。美国纽约州的某医疗机构从迈瑞医疗订购了50台呼吸机，从呼吸机生产出厂到最终到达该医疗机构，经历了图2-6-8的一系列物流环节。

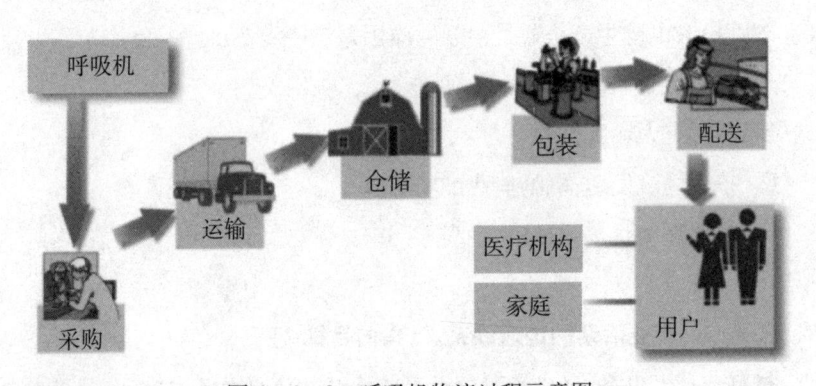

图2-6-8 呼吸机物流过程示意图

材料四：呼吸机是一个技术难度较高的产品，属于高技术行业，需要软硬件配合。中国国内企业在呼吸机行业起步相对较晚，大量专利技术被国外厂商掌握。因疫情影响，美国美敦力公司公开其便携式呼吸机的设计和生产的相关资料，帮助新进企业加快量产速度。一些中国生产商积极与美国美敦力公司取得联系，相互合作。

思考2-1：影响口罩生产量的主导因素是什么？无纺布卷料生产厂与

口罩加工厂之间的联系体现了哪种产业活动的地域联系方式?

思考 2-2: 从呼吸机零部件货源分析,这些相对独立的零部件工厂之间体现了哪种产业活动的地域联系方式?

提示: 这两类产业活动的地域联系侧重于生产环节。

思考 2-3: 呼吸机从出厂到运达至该医疗机构,这一物流过程体现了哪种产业活动的地域联系方式?该物流过程有何优点?

提示: 强调这类产业活动的地域联系侧重于销售环节。

思考 2-4: 一些中国国内生产商与美国美敦力公司合作,共享便携式呼吸机的设计和生产相关资料,这体现了哪种产业活动的地域联系方式?

练习 2-1: 下列工厂之间存在生产工序上联系的是(　　)。(检测目标2)

A. 皮革厂、纺织厂　　　　B. 炼铁厂、炼钢厂

C. 化工厂、电镀厂　　　　D. 糕点厂、家具厂

京东集团同陕西宁陕县政府联合试水"互联网+野生猕猴桃",使农业摆脱传统行业中消息闭塞、流通受限制、农民分散经营、服务体系滞后等难点。图2-6-9为猕猴桃从陕西宁陕县到消费者手中经历的主要环节。完成练习2-2、2-3题。(检测目标2)

下单采摘　　　　打冷包装　　　　快速运输

图 2-6-9　猕猴桃销售物流过程示意图

练习 2-2: 图示体现的产业活动地域联系主要是(　　)。(检测目标2)

A. 生产协作联系　　　　B. 商贸联系

C. 投入产出联系　　　　D. 科技信息联系

练习 2-3: "互联网+农业"形式对农业发展的影响叙述正确的是(　　)。(检测目标2)

A. 降低产品生产成本

B. 增加市场交易成本

C. 增加物流运输成本

D. 降低仓储保鲜成本

任务三：了解本单元的知识框架。(指向目标3)

1. 知识结构：

图2-6-10 必修2产业区位选择知识框架图示

2. 单元大任务：

学完本单元后大家要去做一件事：完成"单元概览"中表格2-6-1的"大任务"。

3. 育人意义：对培养区域认知、人地协调、综合思维、地理实践力等地理学科核心素养具有重要意义。

如图所示：

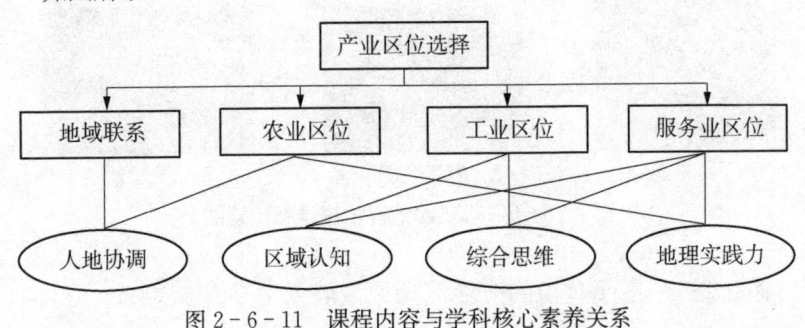

图2-6-11 课程内容与学科核心素养关系

思考3-1： 你是否明确本单元要学习的内容？请画出本单元的知识图谱。(检测目标3)

任务四：了解本单元的学习方法。(指向目标3)

1. 学习方法：学习本单元区域产业活动知识时，常用的方法有案例探究法、讨论法和比较法。案例探究法可以增强探究意识与知识迁移能力；讨论法可以促进小组合作学习;通过案例的比较分析,加深对产业活动的地域联系的理解。

2. 注意事项:

(1) 要用动态变化的观点来分析同一产业活动不同时期的主要区位因素变化;

(2) 要树立区域的意识,理解不同区域的同一产业活动主要区位因素的差异;

(3) 要重视三种产业活动地域联系的内在联系与区别,能说明不同的案例所展现的不同的产业活动地域联系。

思考 4-1: 你是否已经清楚学习本单元将用到哪些方法,注意事项是什么?(检测目标 3)

任务五: 小结与反思。

1. 通过本节课的学习,你是否了解本单元的主要内容及学习方法?

2. 通过本节课的学习,你觉得学习产业活动的"区位选择"对你有何帮助?

第 2 课时　农业区位因素与农业布局(略)

第 3 课时　工业区位因素与工业布局(略)

第 4 课时　服务业的区位选择(略)

第 5 课时　单元小结与拓展(略)

作业与检测题示例:

微商是基于微信生态与社交为一体的新型电商模式,这种商业模式会对许多产业产生影响。请完成以下两题。

1. 下列受微商冲击较大的有(　　)。

① 零售实体店　② 商业地产　③ 电信公司　④ 航空公司

A. ①②　　　B. ②③　　　C. ③④　　　D. ①④

2. 对微商影响较小的区位因素有(　　)。

① 交通　② 市场　③ 集聚　④ 地价

A. ①②　　　B. ②③　　　C. ③④　　　D. ①④

参考答案：

1. A　2. C

评价说明：

第1题：选①，说明具备从简单地理情境中获取信息，并能调用地理原理的能力；选②并排除④，说明具备从复杂地理情境中获取信息，并运用地理原理进行综合分析、解释的能力，即具备要素综合的思维能力。

第2题：选④，说明能够简单调用"商业区位因素变化"这一基础地理原理；选③并排除①选项，说明具备较强的逻辑推理和迁移能力，能全面认识时代发展变化过程中相对复杂的区位因素的变化情况，即具备时空综合的思维能力。

设计者： 杨青、钱娟娟、王流生、郝雅玲、李魏琦

07 机械运动与物理模型

单元概览

一、你愿意接受挑战吗？

2019年6月11日下午，高铁嘉兴南站始发车新闻发布会宣布，2019年7月10日起，高铁嘉兴南站将始发4对8趟开往北京、昆明、太原、重庆的高铁列车。其中一趟开往北京的是最高时速350公里的复兴号，具体列车信息如图2-7-1所示：

北京方向

06:54开 嘉兴南 —— 6小时44分 途经上海、南京、济南、天津等城市 G110次 —— 13:38到 北京南

图2-7-1 嘉兴南至北京南的高铁信息

若你是乘客，请估算一下此趟列车的平均速度大小和加速时的平均加速度大小。

要解决以上问题，你知道需要先做哪些知识准备吗？我们一起来浏览一下本单元在高中物理必修第一册中的地位与作用。

本单元是高中物理力学知识的起始内容。初中所学的力、运动是学习本单元的前备知识，学完本单元后，我们将继续学习匀变速直线运动、静力学和动力学。新学的力学知识无论是在知识理解、学习方法和思维方式方面均与初中有很大差异。所以在学习过程的设计上，我们坚持以学生为读

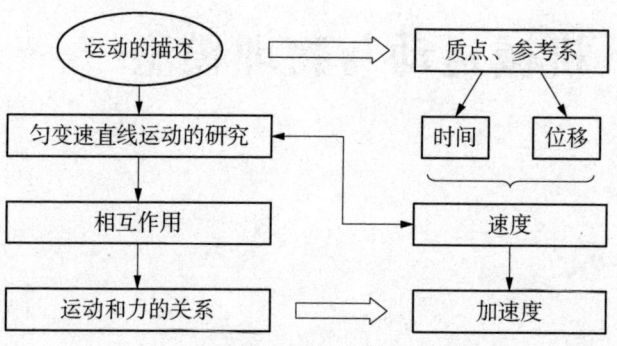

图2-7-2　普通高中新教材物理人教版必修第一册知识架构

者的立场,以"学会"为逻辑起点,确立学习目标,设计用于检测学习目标达成的评价任务。围绕每一条学习目标,精心设计问题,启发思考,能够知其然并知其所以然。在学历案上预留了许多"空白",供学生学习时书写之用。

二、你需要学什么(见表2-7-1)

表2-7-1　本单元学习内容与课时安排

大任务	课时内容	指向学科核心素养	课时
以"你愿意接受挑战吗?"提供的情境为背景,用运动学知识估算高铁从嘉兴到北京途中的平均速度和平均加速度	单元导学	—	1
	质点、参考系	物理观念、科学思维	1
	时间和位移	物理观念、科学思维	1
	运动快慢的描述——速度	物理观念、科学思维、科学态度与责任	1
	用打点计时器测速度	科学探究、科学态度与责任	1
	速度变化快慢的描述——加速度	物理观念、科学思维、科学态度与责任	1
	单元小结与检测	物理观念、科学思维、科学态度与责任	2

三、你将学会什么

1. 通过实例,感悟物体运动存在加速和减速的现象,知道加速度是描述速度变化快慢的物理量,理解加速度的定义并能进行定量计算,体会比值定义法的重要性;知道加速度与速度的区别和联系,会根据加速度与速度的方向关系判断物体是加速运动还是减速运动,发展物理观念和科学思维素养。

2. 经历实际物体抽象为质点的过程,体会理想模型在描述运动中的重要性；经历瞬时速度、瞬时加速度的推导过程，体会极限思想在实际问题中的应用；经历实际过程到 $x-t$、$v-t$ 图象的描绘过程，体会物理图象在解决实际问题中的重要性，发展科学思维素养。

3. 经历打点计时器研究运动的分组实验，掌握测量运动快慢的方法，感悟物理实验的重要性；经历撰写实验报告，感悟原始数据的重要性，体会科学规律得来的不易，发展科学探究素养。

4. 通过实验操作，经历实事求是的探究过程、与人合作的学习过程、主动分享的交流过程，体会科学之美，发展科学态度与责任素养。

四、给你支招

1. 本单元位于人教版高中物理必修第一册(2019年版)，第10—32页。机械运动是高中力学乃至高中物理的基础。本单元是在初中对匀速运动有初步认识的基础上，进一步学习描述运动的知识和方法，为后面学习匀变速直线运动、曲线运动等打下基础。

2. 本单元的学习，通过建立质点模型、选取参考系、建立坐标系从而确定物体的位置，再通过时间轴确定时刻、时间间隔，进而描述运动的快慢和速度变化的快慢，物理概念的定义比初中更具体、科学，要注意区分位移和路程，时刻和时间间隔。学习过程用到抽象、极限、归纳、比值定义等物理思想和"实验—观察—思考—归纳"的科学探究方法，思维方法比初中更多，在实际问题中要注意灵活应用。

3. 本单元的重点是速度和加速度的概念；难点是通过 $v-t$ 图象来解释运动。你可以通过"评价任务"、"作业与检测"的完成情况来判断自己对学习目标的达成情况。

学习进程

第一课时 单元导学

【学习目标】

1. 通过实例，认识并描述机械运动，体会运动的普遍性和重要性，了解本单元内容在高中物理学习中的地位与作用。

2. 理解路程、位移、时间、时刻的概念,会用速度、加速度来描述运动。

3. 结合实例,了解本单元的知识体系、学习方法和注意事项。

【评价任务】

1. 完成任务一中的思考1-5。(检测目标1)

2. 完成任务二中的思考2-1。(检测目标2)

3. 完成任务三中的思考3-1,任务四中的思考4-1。(检测目标3)

【学习过程】

前备知识:初中运动学中时间、路程和速度的概念。

任务一:重新认识运动。(指向目标1)

思考1-1:初中科学中"匀速直线运动"是怎样定义的?请写出位移公式。

思考1-2:一辆4 m长的汽车以72 km/h的时速通过10 km长的嘉绍大桥,需要多少时间?若这辆汽车以同样的时速通过20 m长的小桥,需要多少时间?请分别进行计算。

思考1-3:你对同学的计算方法有何看法?请发表。

提示:思考1-2用初中所学的运动学知识无法正确解决,因为现实世界中的物体,其本身大小、形状并不是任何情况下都能忽略的,这需要我们根据实际情况和所研究的问题来判断。物理上,我们有时可以把物体抽象成质点,方便研究物体的运动规律。

例1 汽车从静止开始需经历一个加速过程达到期望速度。图2-7-3是三种同档次车型车速从0加速到100 km/h的加速时间对比图,请判断哪种车型的加速性能最佳?并说明你的理由。

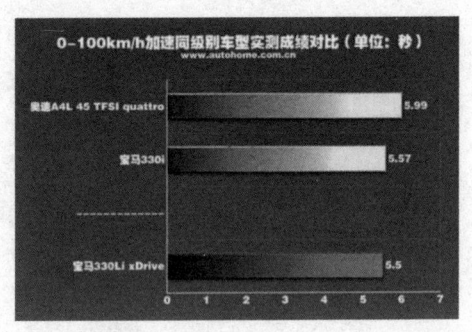

图2-7-3

思考1-4： 怎样衡量刚才同学的判断是否正确？为什么？

提示： 例1中各种车型的速度改变量是一样的，所用时间是不同的，有没有一个物理量专门是用来描述速度变化快慢的？物理中我们采用的是"加速度"这个物理量来描述的。

思考1-5： 假如把汽车的加速过程看作是速度均匀变化的，请在 v-t 图中画出例1的各车型的函数图象。想一想，加速性能与函数图象之间有没有关系？并谈谈通过以上学习，你对运动的描述有什么新的认识？(检测目标1)

提示： 从加速度的定义中可以发现，v-t 图像的斜率就表示加速度的大小。

例2 请设计一种方案，估测一下重物从静止状态下落 50 cm 时的速度。

提示： 刚才同学分享的方案，指的是平均速度还是瞬时速度？

思考1-6： 以上问题你用初中知识能解决吗？

提示： 解决以上问题，需要用到一种测量仪器——打点计时器，它是高中物理的力学实验中经常使用的，也是高考的重要内容。

任务二：正确描述运动。(指向目标2)

例3 在中考体育测试中，有位同学的 800 m 成绩是 3 分钟，请估算一下她的平均速度大小。

思考2-1： 2014年全国游泳锦标赛男子100米自由泳比赛中，宁泽涛以47秒65的成绩夺冠，并刷新由自己保持的亚洲纪录。请计算一下他游泳的平均速度。(检测目标2)

提示： 注意平均速度的定义是 $\frac{位移}{时间}$，跟初中 $\frac{路程}{时间}$ 是不一样的。高中物理的概念比初中的更加准确、科学，所以我们需要随时更新知识。

任务三：了解本单元的学习内容。(指向目标3)

1. 知识结构：

```
       运动的描述
          │
          ▼
      质点、参考系
       ↙      ↘
     时间      位移
       ↘      ↙
          ▼
         速度
          │
          ▼
        加速度
```

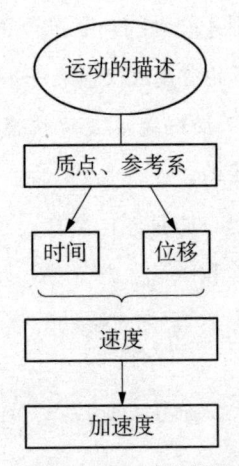

图2-7-4　必修第一册运动的描述知识体系图示

提示：运动学是高中物理与初中科学知识联系密切的主干知识，也是进一步学习普通物理的基础，其观点、知识、思想方法贯穿于高中物理的全过程，同时，也应用于动力学、电磁学的问题解决过程，与力学、电磁学等内容联系也非常密切。

2. 单元大任务：

学完本单元知识后，大家要去做一件事：完成"单元概览"中表格2-7-1的"大任务"。

3. 育人意义：

对发展物理观念、科学思维、科学探究、科学态度与责任等物理核心素养有重要意义。如图2-7-5所示：

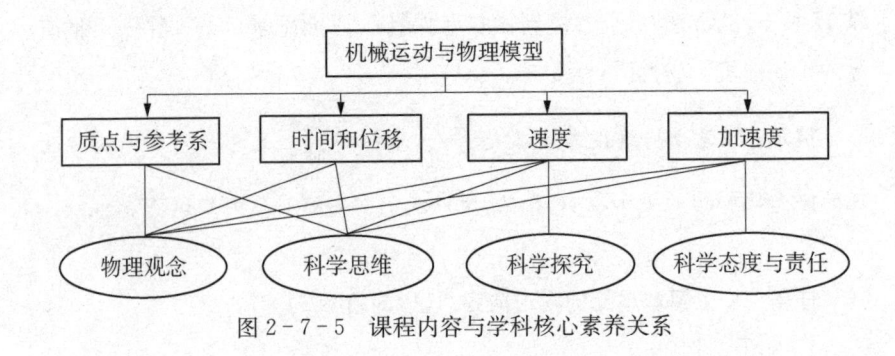

```
              机械运动与物理模型
         ┌──────┬──────┬──────┐
         ▼      ▼      ▼      ▼
      质点与参考系 时间和位移  速度    加速度
         │      │      │      │
         ▼      ▼      ▼      ▼
      物理观念  科学思维  科学探究  科学态度与责任
```

图2-7-5　课程内容与学科核心素养关系

思考3-1：你是否明确本单元要学习的内容？请画出本单元的知识图谱。(检测目标3)

任务四：了解本单元的思想方法（指向目标3）

1. 思想方法：学习运动学知识常用的方法有：理想模型、比值定义、极限思想和对比讨论。研究物体运动时，有时可以忽略次要因素，抓住主要因素，把物体抽象成一个只有质量的"质点"的理想模型；在讨论瞬时速度、瞬时加速度的时候都用到了极限的思想；在学习位移、时刻时，常把它们与路程、时间一起对比讨论；许多物理量的定义，都采用了比值定义的方法，如速度、加速度，可以通过类比来研究它们的共性。

2. 注意事项：

(1) 要重视物理概念的理解。理解一个概念要做到"三会"：会表述、会举例、会判断。物理概念需要记忆，并能用自己的语言来表述。

(2) 要树立动态变化的观点。物理量的学习、理解是有一个过程的，从初中到高中，再到大学，有些物理量的内涵、外延都会有所变化，我们要及时更新观念，用发展的眼光看待同一物理量。

(3) 要强化"矢量"意识。物理量中有许多都是矢量，他们不但有大小还有方向，特别是运算法则是平行四边形定则或三角形定则，这与标量是有很大区别的，也是初学者经常容易出错的。在高中学习一个新物理量时首先要搞清楚它是矢量还是标量。

(4) 对于一些重要概念一定要正确区分，如"平均"与"瞬时"，它们分别对应的是"一段时间"和"某个时刻"，再如速度、加速度的求解。

(5) 要善于接受新观念、新方法。比如描述速度概念时，过去用路程，现在用位移；计时的仪器，过去用手表、秒表，现在可以用打点计时器等等。

思考4-1： 你是否已经清楚学习本单元将用到哪些方法，注意事项是什么？（检测目标3）

任务五：小结与反思。

1. 通过本节课的学习，你对物理学习的意义有何新的认识？

2. 通过本节课的学习，你觉得对如何学好物理有何启发？请举例说明。

第 2 课时　质点、参考系(略)

第 3 课时　时间和位移(略)

第 4 课时　运动快慢的描述——速度(略)

第 5 课时　用打点计时器测速度(略)

第 6 课时　速度变化快慢的描述——加速度(略)

第 7、8 课时　单元小结与检测(略)

作业与检测题示例：

研究"蹦极"运动时，在运动员身上装好传感器，用于测量运动员在不同时刻下落的高度及速度。如图 2-7-6 中甲所示，运动员及其所携带装备的总质量为 60 kg，弹性绳原长为 10 m。运动员从蹦极台自由下落，根据传感器测到的数据，得到如图 2-7-6 乙所示的速度—位移图象。

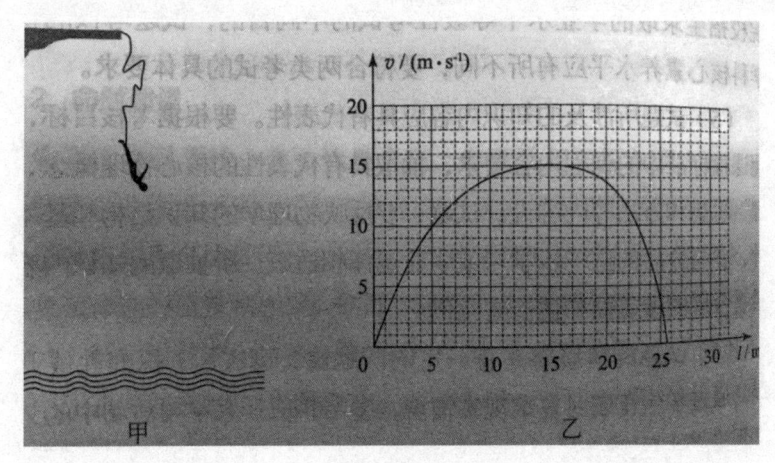

图 2-7-6

(1) 运动员下落过程中在什么位置速度最大？试从运动和力的关系角度讨论运动员在该位置受力有何特点。

(2) 运动员下落过程中速度最大时和落到最低点时，绳的弹性势能的定性大小关系？请陈述运用相关定律解决问题的条件。

评价说明：

对于第(1)问前半部分，若能利用图象正确回答问题，说明知道了 $v-t$ 图象的基本知识。对于第(1)问的后半部分，若能回答是受力平衡或加速度为零,则说明具有一定的推理能力和科学思维素养。

对于第(2)问若认为空气阻力可忽略不计,并能运用机械能守恒定律正确比较绳的弹性势能定性大小,说明具有较强的科学思维素养;若不仅能得到正确结果,而且根据图象提供的信息,通过计算和推理来说明空气阻力可忽略不计,从而满足机械能守恒的条件,表明不仅具有科学探究的素养,而且具备一定的科学态度与责任素养。

设计者:朱国明、周涌

08 食品中的有机化合物

单元概览

一、你愿意接受挑战吗

我国人民很早就掌握了用粮食或水果发酵酿酒和制醋的技术。请分析饮酒对身体有害还是有益,对醋能解酒的说法提出你的观点,并从食品中的有机物的性质和应用的角度对生活中的饮食、健康问题进行科学的分析,提出你的指导意见。

要解决以上问题,你知道需要先做哪些知识准备呢?让我们一起来浏览一下本单元在高中化学必修二中的地位和作用。

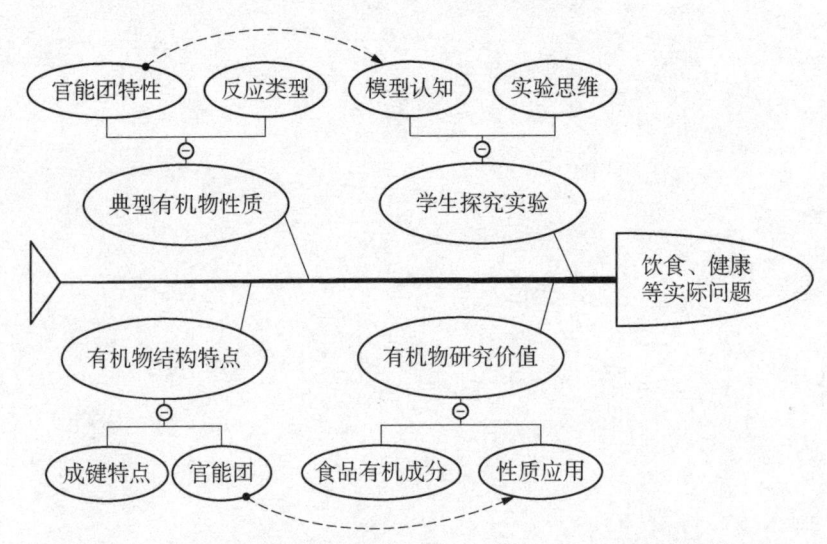

图 2-8-1 普通高中新教材化学人教版必修二有机知识架构

本单元是高中化学中有机化学知识的起始内容。相比于初中零散的有机小常识,本单元将系统地认知常见食品中有机物的结构、性质和转化,本单元也是学考、选考的重点内容。本单元要学习的有机化合物知识无论从认知难度、学习方法、思维方式及学科素养等方面都与之前的无机模块有一定的差异,在学习时可以尝试借助对食品的研究,运用"实验、体验、探究"的学习方式,学习各种食品中的有机物的性质与用途,应用官能团之间的转化关系来认识食品中常见有机物之间的相互转化,进而学会分析具体食品的安全问题。

通过本单元的学习,同学们将对高中有机化学知识体系有比较清晰的认识,对结构与性质之间的联系有更深体会,有利于提升有序变化思维及证据推理和模型认知等素养能力。在学习时建议采取实验探究和合作学习等多种学习方式。通过本单元的学习,将逐步形成"模型观""变化观""绿色观"等化学基本理念。在学习过程的设计上,坚持以学生为读者的理念,以"学会"为逻辑起点,以"会用"为认知终点,确立学习目标,并设计用于检测学习目标达成的评价任务。围绕每一条学习目标,精心设计有梯度性的问题链,启发思考,引领同学探究知识背后的故事。在单元学历案中设计了许多"留白",供同学学习时书写之用。学历案后面为每课时配置的作业都是经过精选的生活实践问题,分A组和B组,难度有一定的差异,B组是选做的。这些习题对检测目标、提高能力、备战高考具有积极意义。

二、你需要学什么

表 2-8-1　本单元学习内容与课时安排

大任务	课时内容	承载的学科核心素养	课时
以"你愿意接受挑战吗?"提供的情境为背景,从有机物性质和应用角度出发,对饮食、健康等实际问题进行一次社会调查,写成1 500字的调查报告	单元导学	科学态度与社会责任	1
	酒的成分与性质	证据推理与模型认知 宏观辨识与微观探析 科学探究与创新意识	2
	醋的组成与性质	科学探究与创新意识	1
	酯在食品中的应用	变化观念与平衡思想 科学态度与社会责任	1
	生命活动的能量物质	科学探究与创新意识 科学态度与社会责任	2
	单元小结与拓展学习	证据推理与模型认识	1

三、你将学会什么

1. 经历酒精、醋酸等分子模型的辨识与动手搭建的过程,能辨识食品中各种有机物的微观结构,发展宏观辨识与微观探析素养。

2. 通过实验,探究乙醇、乙酸、基本营养物质,认识其性质与用途,发展科学探究与创新意识素养。

3. 从官能团角度认识有机物的性质,能运用化学键断裂与形成等微观结构探析方法探究有机反应的本质,树立"结构决定性质"的观念;形成基于官能团、化学键与反应类型认识有机物的一般思路,发展证据推理与模型认知素养。

4. 经历从乙醇到乙酸乙酯合成路线的设计,构建醇—醛—酸—酯转化模型,掌握简单有机物之间的相互转变,发展变化观念与平衡思想。

5. 从有机物性质应用的角度对饮食、健康环境等实际问题进行分析,增强应用知识提高解决实际问题的能力,发展科学态度与社会责任的素养。

四、给你支招

1. 学习程序:本单元的学习你可以从生活经验出发,在真实情境中进行探究。你可以按照"提出假设→讨论思考→实验探究→得出结论"的思路进行学习,充分运用观察讨论、实验探究和对比归纳,以实践科学验证。

2. 学法建议:在本单元的学习中你可以从食品中的某一种典型有机物的结构与性质入手,以官能团特性为主线索认知某一类有机同系物;通过各类有机物之间的相互转化,构建有机化学知识框架。

(1) 在有机食品成分的学习中,你要注重官能团结构特点与该有机物化学性质的关联性,逐步形成"结构决定性质"的观念。

(2) 抓住化学反应是断裂旧化学键同时形成新化学键这一本质,从化学键的"断键""成键"出发,规范书写有机化学反应方程式,理解有机反应机理。

3. 学习重点与难点:食品中常见有机物的结构与性质是本单元的重点,常见有机物之间的相互转化是本单元的难点。你可以通过搭建分子模型来理解它们的结构,根据官能团的不同来掌握它们的性质,进而熟练掌握有机物的相互转化及规律,形成知识体系,并实现知识的融会贯通。你可以通过"评价任务""作业与检测"的完成情况来判断自己对学习目标的达成情况。

4. 课程资源:你可以用球棍模型搭建常见的有机化合物的分子结构,

利用多媒体软件(例如 ChemDraw)观察有机化合物分子的空间结构和异构现象。你还可通过相关教学课件、微课视频及校本作业等学习资源去分析实际饮食、健康等问题,认识这些有机反应在解决实际食品问题时的意义和价值。

学习进程

第一课时　单元导学

【学习目标】

1. 经历分享,认识食品中常见的有机化合物。

2. 通过视频资料,了解食品中的有机化合物对人们日常生活的影响,发展科学探究与社会责任素养。

3. 结合生活实际,了解本单元的知识体系、学习方法及注意事项。

【评价任务】

完成任务一中的思考 1-3。(检测目标 1)

完成任务二中的思考 2-3。(检测目标 2)

完成任务四中的思考 4-1。(检测目标 3)

【学习过程】

前备知识:初中科学中学过的甲烷、糖类、脂肪等有机物及其性质。

任务一:认识食品中的有机化合物。(指向目标 1)

产品类型：风味发酵乳

配料：生牛乳、白砂糖、椰果、低聚果糖、食品添加剂（明胶、羟丙基二淀粉磷酸酯、酪蛋白酸钠、果胶）、保加利亚乳杆菌、嗜热链球菌、乳双岐杆菌BB-12、嗜酸乳杆菌

营养成分表

项目	每100克	营养素参考值%
能量	373 千焦	4%
蛋白质	2.7克	4%
脂肪	3.0克	5%
碳水化合物	12.7克	4%
钠	75毫克	4%
钙	90毫克	11%

图 2-8-2

思考1-1:图2-8-2是某品牌牛奶的包装袋上的配料表,请指出牛奶配料中的成分哪些属于有机物?

提示:食物是人类赖以生存的物质基础,日常食品中的主要成分大都是有机化合物。请举例说明你所知道的生活中常见的有机化合物。

思考1-2:图2-8-2中的这些有机物在食品中有什么作用?

提示:生牛乳的主要成分是蛋白质,白砂糖、椰果、低聚果糖都属于糖类。

思考1-3:如果你家的酒瓶和醋瓶上的标签丢失了,你怎么把它们区分出来?(检测目标1)

提示:我们可以通过某些物质的物理性质(颜色、状态、气味等)或者化学性质的不同来区分不同的物质。通过本单元的学习我们将学会更多鉴别食品中有机物的方法。

任务二:了解食品中的有机化合物对人类生活的影响。(指向目标2)

观看视频《我们需要化学》第二集《饮食之基》节选,介绍日常食品中的酒、醋、淀粉、蛋白质以及食品添加剂等有机物对人们日常生活的影响。

思考2-1:张同学在烧鱼时加入少量的料酒和醋,做出来的鱼特别香,你能从化学的角度解释这个现象吗?

提示:低级酯具有一定的挥发性,有芳香的气味,很多鲜花和水果的香味都来自酯类,如草莓中含有乙酸乙酯,苹果中含有戊酸戊酯。

思考2-2:你知道食品添加剂以及它们在食品中的作用吗?请和同学们分享你知道的食品添加剂以及它们在食品中所起的作用,并对如何正确使用食品添加剂发表你的看法。

提示:食品添加剂被誉为现代食品工业的灵魂,远到太空食品制造,近到生活调味品,都离不开食品添加剂,随着化学发酵和提取技术的不断进步,食品添加剂种类越来越多,从而使我们现在的食品更加丰富而美味。但是现在社会上有很多人恐惧食品添加剂,媒体也曝光了一些关于食品添加剂的安全事件,这些安全事件绝大部分都是由于非法添加所引起的。什么物质可以用作食品添加剂,以及食品添加剂的使用量和残留量,相关的管理部门都有严格的规定。在规定范围内合理使用食品添加剂,对人体健康不会产生不良影响。

思考2-3：请你归纳食品中有机物的种类，和大家分享一下你所知道的食品中的有机物对人们日常生活的影响，并从化学的角度讨论饮食搭配与人体健康的关系。(检测目标2)

提示：如果你的职业理想是当一位营养师，你需要了解各种食物的化学成分，关注各种成分对健康的影响，熟悉食品加工的知识。要回答好以上问题，目前你可以参考食品标签上的配料表，还可以通过查阅资料获取信息，然后结合自己的经验进行分析。学完本单元后将为你更加专业、顺利地回答以上问题提供支持。

任务三：了解本单元的知识框架。(指向目标3)

1. 知识结构：

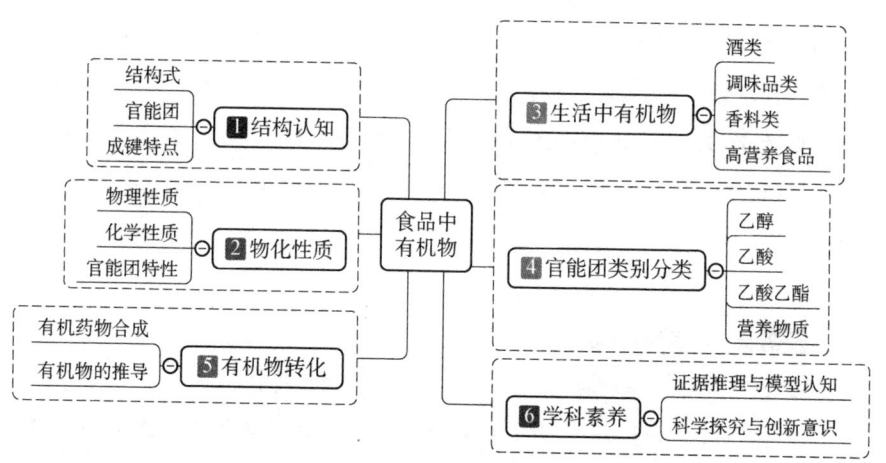

图2-8-3 高中化学必修二有机化合物知识体系图示

2. 单元大任务：

学完本单元后大家要去做一件事：完成"单元概览"表格2-8-1中的"大任务"。

3. 育人意义：本单元的学习对发展证据推理与模型认知、宏观辨识与微观探析、科学探究与创新意识、科学态度与社会责任等化学核心素养有重要意义。(见图2-8-4)

任务四：了解本单元的学习方法。(指向目标3)

本单元学习常用的方法：认识一种有机物，可以先从结构入手，分析其

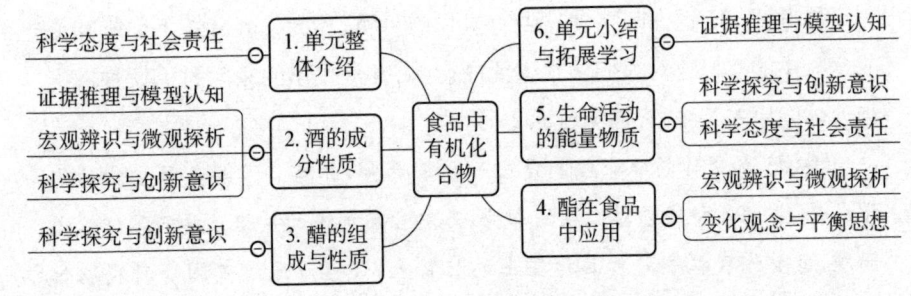

图2-8-4 课程内容与学科核心素养关系

碳骨架和官能团,了解它所属的有机物类别;再结合这类有机物的一般性质,推测该有机物可能具有的性质,并通过实验进行验证;在此基础上进一步了解该有机物的用途。另外,再根据有机物发生的化学反应,了解其在有机合成中的作用。与认识无机物类似,有机物的性质也是由它的"结构"决定的,官能团决定了有机物的类别,"单键""双键""三键"决定其化学反应的类型,是取代反应还是加成反应。

思考4-1: 你是否已经清楚学习本单元将用到的方法,请和大家分享一下自己在学习过程中将如何联系生活实际,需要注意的事项是什么?(检测目标3)

任务五:小结与反思。

1. 通过本节课的学习,你对有机化合物有何新的认识?
2. 通过本节课的学习,从化学的角度,与同学交流合理的饮食与人体健康的关系。

第2课时 酒的成分与性质(1)(略)

第3课时 酒的成分与性质(2)(略)

第4课时 醋的组成与性质(略)

第5课时 酯在食品中的应用(略)

第6课时 生命活动的能量物质(1)(略)

第7课时 生命活动的能量物质(2)(略)

第8课时 单元小结与拓展学习(略)

作业与检测示例：

乳酸(2-羟基丙酸)是一种化合物，它在多种生物化学过程中起作用。发酵法制乳酸的主要途径是糖在乳酸菌作用下，发酵三到五天得粗乳酸。发酵法的原料一般是玉米、大米、甘薯等淀粉原料。

【查阅资料】

① 利用玉米、大米、甘薯等淀粉原料制备乳酸的工艺流程如下：

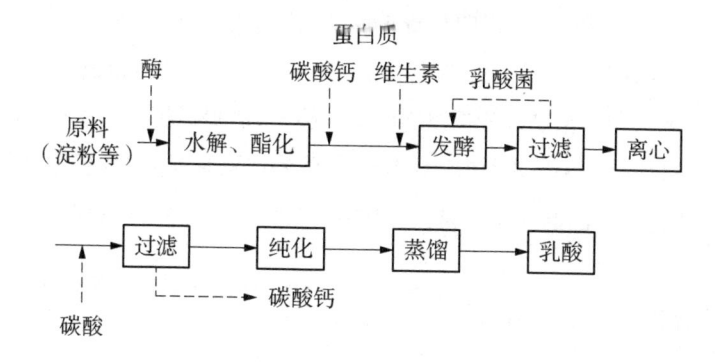

原料（淀粉等）→ 水解、酯化 → 发酵 → 过滤 → 离心 → 过滤 → 纯化 → 蒸馏 → 乳酸

（酶；蛋白质、碳酸钙、维生素；乳酸菌；碳酸；碳酸钙）

② 在乳酸菌的作用下反应：$C_6H_{12}O_6 \xrightarrow{乳酸菌} 2CH_3CH(OH)COOH$

【问题探究】

1. 探究乳酸的制备原理及条件。

1-1 根据查阅资料内容分析利用淀粉原料制取乳酸的主要化学反应是什么？

1-2 根据下图分析乳酸发酵的时间为什么一般应在五天以上？

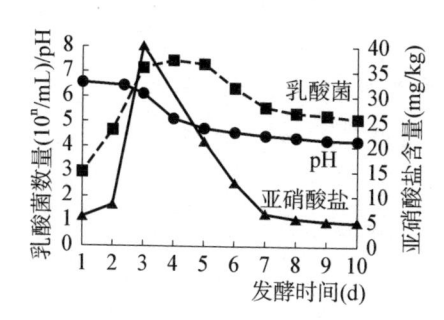

（图：乳酸菌数量(10^n/mL)/pH 与 亚硝酸盐含量(mg/kg) 随发酵时间(d) 的变化曲线）

提示： 5天以上乳酸菌含量较高，但亚硝酸盐含量明显降低。

2. 探究乳酸的性质

2-1 怎样设计实验验证乳酸中含有羧基？

2-2 怎样设计实验验证乳酸中含有羟基?

【探究成果应用】

查阅资料,说明饮用乳酸菌饮料对人体的好处。

评价说明:

完成探究问题1-1、1-2说明掌握了有机化合物之间的相互转化与转化所需要的条件等有机化合物的知识。

完成探究问题2-1说明具备了设计简单实验并做出解释的能力,达到科学探究素养的水平2。完成探究问题2-2说明具有根据假设提出实验方案,基于现象和数据进行分析得出结论的能力,达到科学探究素养的水平4。

完成【探究成果应用】说明具有理论联系实际的能力,有将化学研究成果应用于生产生活的意识,具有一定的科学态度与社会责任素养。

设计者: 严利光　张曙光　朱国雁

09 细胞的分子组成

单元概览

一、你愿意接受挑战吗？

我们注意到有一些高中生对饮食不太在意，常常有早餐凑合、午餐马虎、晚餐随意等不科学的饮食习惯，这些习惯会影响学生的体力和身体发育。假如你是营养专家，请为这些高中生制定一套科学的营养餐食谱，既有利于身体的健康成长，又能保证有充沛的精力完成繁重学习任务。

要实现上述目标，你知道需要先做哪些知识准备吗？首先让我们一起来浏览一下本单元在必修Ⅰ中的地位与作用。

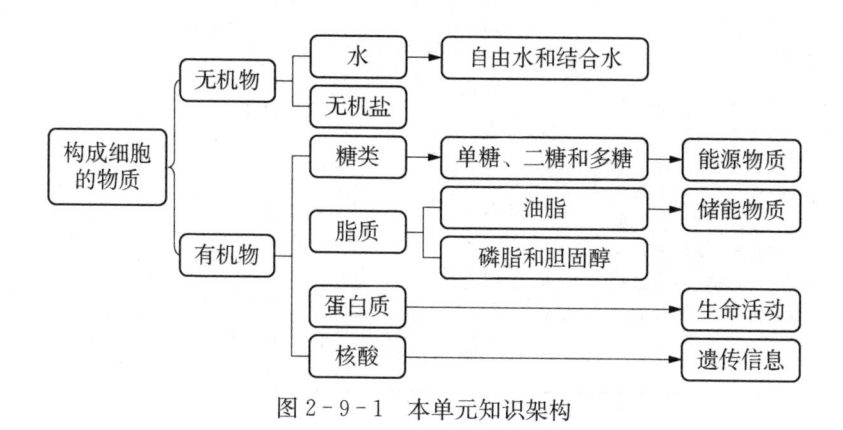

图 2-9-1 本单元知识架构

本单元是高中生物学习的起始内容。初中所学的，如物质的构成及其物理、化学性质，物质的转化、食物与营养等是学习本单元的前备知识。学完本单元后,我们将继续学习构成生命的基本单位即细胞的结构与功能等知识。但是,将要学习的细胞的分子构成无论是在知识理解、学习方法和思维方式等方面均与初中有很大差异。为了有利于同学们能有效建立新旧知识之间的联系,本单元在教学内容的组织上注重初高中知识的衔接,通过引入一定的生活案例,一方面展示生命科学在解决实际问题中的价值,另一方面也可以说明在解决不断出现新问题的过程中,人们的生命科学知识还需要不断地拓展。在学习过程的设计上,坚持以学习者为主体的立场,以"学会"为逻辑起点,确立学习目标,设计用于检测学习目标所需达成的评价任务。围绕每一条学习目标,本单元将精心设计问题串,启发思考,引领同学们探究知识背后的故事,使得知其然并知其所以然。在本单元学历案上预留了许多"空白",供学生学习时书写之用。学历案后面为每课时配置的作业都是经过精选的,分 A 组和 B 组,难度有差异,B 组是选做的。这些习题对检测目标、提高能力、备战高考都具有积极意义。

通过本单元学习,我们要认识到生命系统的物质性,理解细胞是由多种多样的分子组成的,还要认识到细胞在物质和能量方面是一个开放的生命系统,据此,请同学们根据所学知识并结合自己的身体状况,为自己制定一套科学合理的饮食食谱,用所学的知识为自己的生命健康服务。

二、你需要学什么(见表 2-9-1)

表 2-9-1 本单元学习内容与课时安排

大任务	课时内容	指向学科核心素养	课时
以"你愿意接受挑战吗?"提供的情境为背景,根据所学知识并结合自己的身体状况,制定一套科学合理的饮食食谱,既要做到保证营养均衡,使身体健康成长,又能使自己有充沛的精力,顺利完成高中学业	单元导学	—	1
	水和无机盐	生命观念 科学思维	1
	有机物的分类、功能	生命观念 科学思维	4
	活动:有机物检测	科学思维 科学探究	1
	单元小结与拓展学习	科学思维 科学探究	1

三、你将学会什么

1. 根据水和无机物的化学性质,理解它们在生命活动中的重要功能,树立水和无机物是生命基础的观念,提高生命观念素养。

2. 通过实例,概括糖和脂质的类型;知道糖、脂类物质在生命活动过程中的生理功能,初步形成物质与能量观,发展生命观念和科学思维素养。

3. 能从结构与功能的视角解释蛋白质、核酸分子结构多样性与功能复杂性的关系,形成结构决定功能的观念。

4. 独立完成生物组织检测实验,准确记录数据并进行分析,养成实事求是的科学态度,发展科学思维和科学探究素养。

四、给你支招

1. 构成生命的无机物和有机大分子物质的学习将引领我们从微观层面(即分子层面)理解生命的本质,生命的基础具有物质性,细胞是最基本的生命系统,从而理解生命系统中的物质性、结构性和功能性,逐步形成进化论的观点。由于蛋白质是生命的体现者,可以说,生命活动在微观层面就是各种蛋白质在分子水平上的具体体现,因此,本单元中的大分子有机物特别是蛋白质是高中生物的重要内容,贯穿整个高中生物学习的全过程,直接影响到我们对生命本质的认识。本单元体现生物学科的核心素养主要包括:生命观念、科学思维和科学探究。

2. 本单元的学习路径为:构成生命的无机物和有机物是生命系统的分子基础→理解生命的物质性→蛋白质的结构和功能→研究生命活动的变化规律。判断是否学会的依据是:能熟练运用所学知识,解决单元大任务及单元作业与检测中的问题。

3. 本单元学习的重点和难点是细胞的分子基础和结构基础,你可以通过理解生命系统中的物质性、结构性和功能性,用进化论的观点来认识问题、分析问题,进而突破重难点。特别要强调的是蛋白质相关知识是理解生命本质的关键,相关重点有两个:一是氨基酸的结构特点与氨基酸形成蛋白质的过程;二是蛋白质的结构和功能。比较难理解的是氨基酸形成蛋白质的过程,以及蛋白质结构多样性的原因。

4. 本单元是必修课程模块Ⅰ中分子与细胞的内容,属于细胞生物学方面最基本的知识,是学习其他单元和模块的基础和重点,也是高考的热点。另外,与本单元相关的参考资料、习题比较丰富,许多网站上有相关的视频、课件、复习专题等,教辅资料上的一些经典题型也可供参考。

学习进程

第一课时 单元导学

【学习目标】

1. 通过举例认识细胞中无机物和有机物的生理作用,说明这些物质是细胞执行各项生命活动的重要基础。
2. 理解蛋白质和核酸是构成生命的两类最重要的生物大分子。
3. 结合实例,了解本单元的知识体系、学习方法和注意事项。

【评价任务】

1. 完成任务一中的思考1-6。(检测目标1)
2. 完成任务二中的练习2-2。(检测目标2)
3. 完成任务三中的思考3-1,任务四中的思考4-1。(检测目标3)

【学习过程】

前备知识：人体中元素的作用,水盐平衡,生物体中的有机物,物质的变化、比热,汽化与液化,物质与营养等。

任务一：结合实例,说明细胞中的水、无机盐和糖类、脂质等分子是进行各项生命活动的物质基础和功能基础。(指向目标1)

引例：水分子是占细胞中比例最大的基本成分,水又是细胞中代谢反应的基本环境,可以说,没有水就没有生命。人体的含水量约占体重的约60%—65%,人在出汗后,湿的身体被风一吹会感到特别冷。

思考1-1：你能解释这种现象吗?

提示：物理学实验表明,液体蒸发时会从周围吸收热量,导致周围温度降低。人出汗时汗液的蒸发同样会降低体表温度,使人感到发冷。我们在学习生物时要学会综合运用物理、化学的知识来解释生物(生命)现象。

例1 炎炎夏日下,某电力工人李师傅在酷暑中抢修线路,一段时间后,发现自己体温升高、流汗增多,并同时出现口干舌燥、四肢无力、动作力不从心,以及头疼、头晕、恶心等症状,于是他向同伴呼救,同伴迅速将他抬至阴凉通风处。一会儿,发现李师傅逐渐出现面色苍白、恶心呕吐现象,随后检查还发现李师傅伴有四肢冰冷和血压下降、血糖降低等症状,这是轻度中暑现象。同伴赶快给李师傅喝了水,服用了藿香正气水和十滴水等清热解暑药。

思考 1-2: 针对李师傅的中暑症状,他的同伴实施了一系列救治行为,你能解释各种救治行为的意义吗?

思考 1-3: 针对给李师傅的饮用水,你有何建议,为什么?

提示: 人体中的无机盐含量并不高,但体液中的无机盐离子对于调节细胞膜的通透性、控制水分、维持正常渗透压和酸碱平衡都有着重要作用,并且这些无机盐对参与神经活动和肌肉收缩也有着重要生理意义。高温下由于人出汗过多导致水分损失过多而引起脱水,进而导致全身的血液循环降低,出现口干舌燥、四肢无力、动作力不从心等症状。如果仅为大量出汗引起中暑的患者提供常规饮用水,将会由于饮水多但盐分补充不足,导致血液中氯化钠等无机盐浓度快速降低,从而导致更为严重的后果,如引发肌肉突然阵发性痉挛及疼痛等症状。因此,对中暑患者最好提供冰盐水或含有盐分的冰饮料。

上述实例中有些问题仅依靠初中所学知识是无法解决的。通过本单元的学习,你将会学到更丰富的知识,为你解决实际生活中遇到的更多问题提供支持。

思考 1-4: 初中《科学》我们学过有关食物与营养的内容,根据实验,相同质量的糖类、脂肪和蛋白质所含能量存在着差异。所以,动物在准备度过缺少食物的冬季之前,需要摄取大量的食物,而这些食物在体内通常会转变为油脂,这样即使在漫长的冬季吃不到足够的食物,也能保证不被饿死,你会分析其中的原因吗?

提示: 以上问题用初中知识无法解释,需要用到本单元的知识,即动植物维持生命都需要能量。实验表明,1g糖类与蛋白质在体内完全氧化所释放的能量相同,而同等质量的脂肪在体内完全氧化释放的能量要高得多。

例2 图2-9-2表示油菜种子在成熟过程中种子有机物相对含量的变化趋势:

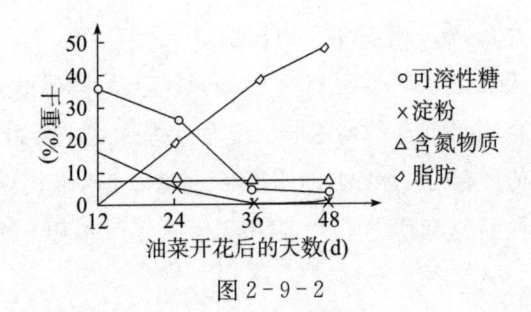

图 2-9-2

思考 1-5：图 2-9-2 显示了在油菜种子成熟 48 天过程中,脂肪含量逐渐增加,而可溶性糖和淀粉含量却逐渐降低,你能解释这一现象吗?

提示：此类问题在高中生物学中经常会遇到。生活中有许多问题需要我们去解释,我们必须不断地学习新知识,甚至还要去创造新知识,否则,我们永远无法解释这些生活中的问题。

思考 1-6：通过以上事例并结合自己的生活实践经验,请用 1 分钟时间与同学分享一下自己对本单元学习意义的认识。(检测目标 1)

任务二：从实例中发现蛋白质和核酸是构成生命的两类最重要的生物大分子(指向目标 2)

例 3 以下图示中哪些主要成分是蛋白质?

图 2-9-3 　　　　图 2-9-4 　　　　图 2-9-5

图 2-9-6 　　　　图 2-9-7

图 2-9-8　　　　　　图 2-9-9　　　　　　图 2-9-10

思考 2-1： 以上图示中的物质哪些均是由同一种蛋白质即角蛋白质组成的？为什么？

提示： 例3图中所示的肉类、禽蛋、牛奶、毛发、指甲等的主要成分均是蛋白质，这是初中《科学》中已经了解到的知识，但是，为什么有些外观很不相同的物质，如鸟的羽毛和人的头发、指甲却主要是由同一种蛋白质即角蛋白组成的呢？这需要我们拓展对蛋白质知识的再认识，用更宽广的知识视野来理解蛋白质的结构和多样性，而这正是我们高中生物学需要研究的问题。例如毛、发等之所以均由角蛋白组成，是因为其分子结构不同造成的，即角蛋白粒子的组合、连接方式不同，就如同金刚石和石墨，都是由碳原子组成的，但是由于组合方式不同，导致了极大的差别一样。

2020年出现COVID-19疫情，该新冠病毒属于RNA病毒，外包嵌有多种病毒蛋白的包膜，侵入细胞时病毒包膜糖蛋白识别并介导其与宿主细胞的细胞膜发生整合后，病毒核心进入细胞。进入宿主细胞之后，病毒在其遗传物质RNA的指导下，在酶（蛋白质，为生物催化剂）的参与下产生病毒的各种蛋白，最后装配成新的病毒。感染病毒后的人体免疫系统会被迅速调动起来，多种免疫活性细胞和相关蛋白质如抗体等将病毒予以消灭，使人体恢复健康。在整个免疫过程中会涉及到许多种类的蛋白质，蛋白质为什么在结构和功能方面有如此丰富的多样性，仅根据初中知识很难理解，需要我们通过本单元学习才能获得科学合理的解释。

思考 2-2： 请简单描述一下你对蛋白质和核酸的再认识，如果想知道更多的知识，你知道还可以到哪里去寻找相关资源吗？（检测目标2）

任务三：了解本单元的学习内容（指向目标3）

1. 知识结构：

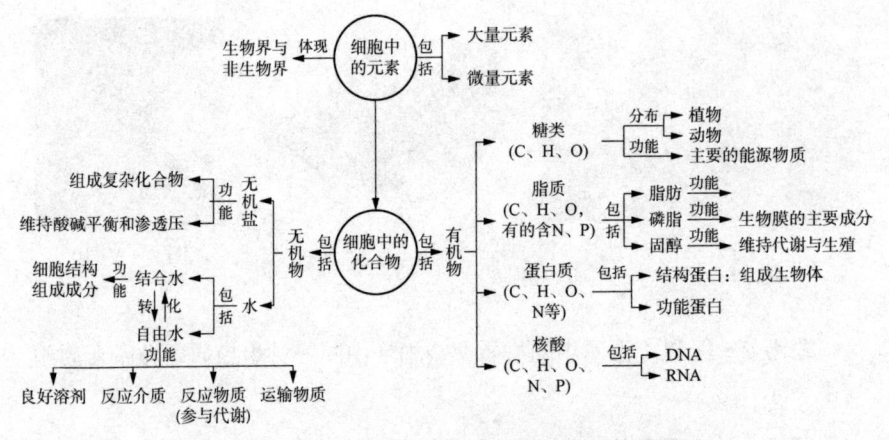

图 2-9-11 必修1细胞的分子组成知识体系图示

提示：细胞的分子组成是高中生物学中起基础和支撑作用的主干知识，也是进一步学习高中其他生物学知识的基础，其观点、知识、思想方法贯穿于高中生物学习的全过程。同时，细胞的分子组成也应用于细胞结构、细胞代谢问题的解决。特别是蛋白质和核酸的基础知识与细胞增殖和分化、遗传和进化、神经和体液调节、生态稳定和物质循环等内容的联系非常密切。

研究细胞的分子组成的意义：科学全面地理解生命的物质性、解决生命各级系统结构的复杂性和功能多样性的问题。

2. 单元大任务

学完本单元后大家要去做一件事：完成"单元概览"中表 2-9-1 的"大任务"。

3. **育人意义**：对发展生物学科的生命观念、科学思维、科学探究等核心素养有重要意义。

思考 3-1：你是否明确本单元要学习的内容？你能说出本单元学习和初中学习知识上的关联吗？（检测目标3）

任务四：了解本单元的学习方法（指向目标3）

1. 学习方法：学习本单元常用的思想方法有：联系实际、有效观察、实验探究、科学理解和分类讨论。如在学习无机盐对生命活动的意义方面，需要联系生活实例，小腿抽搐、缺铁性贫血；植物缺镁叶片变黄等都是因为无机盐的缺乏而导致的。我们在学习过程中,要学会用生物知识去解释观察到的生命现象,加深对生物知识的理解与应用。

2. 注意事项:

(1) 要重视概念的理解。理解一个概念要做到"三会":会表述、会举例、会判断。特别强调的是生物概念需要记忆,并能用自己的语言来表述。

(2) 要树立结构与功能相适应的观点,它是用来解释细胞的分子组成和功能的基础。

(3) 要特别重视蛋白质是生命体现者这一观点,以此来解释蛋白质的功能、以及与生命活动的关系等,蛋白质的知识将会是以后进一步学习生物学的重要基础。

(4) 要养成细心观察、勤于思考、善于探究、勇于质疑和分享交流的好习惯,认真做好各种观察、实验,领悟科学研究的基本方法并学习相关实验技能。

(5) 要注意知识学习过程中的科学描述,用词方面不可随意增加或减少,如,水是生物体内物质运输的主要介质,不要忽视"主要"二字,因为水不是唯一运输物质的介质;无机盐在生物体内多数以离子的形式存在,不要忽视"多数"二字,因为还有些无机盐是以化合物形式存在的;蛋白质通常不是生物体内的能源物质,不要忽视"通常"二字,因为蛋白质在某些条件下也是可以作为能源物质的。

思考4-1: 你是否已经清楚学习本单元过程中将用到哪些方法,注意事项是什么?(检测目标3)

任务五:小结与反思

1. 通过本节课的学习,你对组成生物体中的各种分子有何新的认识?

2. 通过本节课的学习,你觉得对如何学好生命科学有何更好的思路和方法?请举例说明。

第2课时　水和无机盐(略)

第3课时　有机物的分类、功能(略)

第4课时　活动:有机物检测(略)

第5课时　单元小结与拓展学习(略)

作业与检测题示例：

检测并比较土豆、南湖菱生物组织中的淀粉、蛋白质含量，进一步认识二者的营养价值。

材料一： 随着时代的进步，人们饮食日益多样化的同时，也越来越注重营养的全面与均衡，因此，人们通过需要了解各类食品中营养物质的种类和含量。土豆是全球第四大重要的粮食作物之一，也是我们常见的蔬菜和主食，从营养角度来看，它与大米、面粉相比具有更多的优点，能为人体提供大量的热能，被称为"十全十美的食物"。

材料二： 南湖菱是嘉兴市著名特产，因其皮薄、肉嫩、汁多、甜脆、清香而胜于其他品种，同时，南湖菱不仅可以生吃，也可以熟吃。南湖菱的果实及根、茎、叶均具有各种营养成分和显著的药效，是生产滋补健身饮料的适宜原料。

依据以上材料，请完成以下学习任务：

(1) 定性检测南湖菱和土豆生物组织中的淀粉、蛋白质。

提示要点：检测所需试剂名称、操作要求和实验结果。

(2) 生吃或熟吃南湖菱，会影响其营养价值吗？其中蛋白质的结构和功能是否发生了变化？

(3) 马铃薯(或南湖菱)中淀粉和蛋白质的含量高低，是衡量品质好坏的重要指标。查找资料，讨论并归纳简易并可操作的定量检测生物组织中蛋白质、淀粉含量的方案。

评价说明：

第(1)题：答出"淀粉遇碘变蓝、蛋白质与本尼迪特试剂混合显紫色"说明初步掌握了检测淀粉和蛋白质的基本知识；答出"检测淀粉：2 ml 土豆(或南湖菱)匀浆＋5 滴碘—碘化钾溶液→蓝色，检测蛋白质：2 ml 土豆(或南湖菱)匀浆＋双缩脲试剂 A(混匀)＋5 滴双缩脲试剂 B→紫色"，说明具有严谨务实的科学实验态度，能够认识到生物学知识都是基于科学事实经过论证形成的。

第(2)题：答出"高温条件会改变蛋白质结构但不影响其营养价值"说明知道蛋白质结构和功能方面的基础知识；答出"无论是生吃还是熟吃南湖

菱,蛋白质都会在消化道中消化为氨基酸被吸收和利用,所以不会影响其营养价值"说明能有效整合所学知识,较好地理解和运用知识解决实际问题,具有一定的生命观念和科学思维的学科素养。

第(3)题:答出"在有机物检测过程中,能通过显色反应中的颜色深浅来定量说明生物组织中蛋白质和淀粉的含量"说明能对所学知识进行有效的迁移,具有初步的科学思维能力;结合所学知识,能通过文献或网络等查阅相关资料设计出更有效的实验方案,说明具备主动获取资料信息的能力,能运用科学的思维方法解决实际问题,具备初步科学探究的思路和方法,以及解决问题的实践能力。

设计者: 马明、庄重、顾晓斌、吴银峰、巴秋爽、王嘉远、刘程、陈琳

10 算法与程序设计

单元概览

一、你愿意接受挑战吗

小明正在学习数学加法，请你为他设计一个加法生成器软件帮助他练习数学加法。程序功能要求：在文本框 Text1 中输入题数 n，单击"生成"按钮 Command1，在列表框 List1 中显示 n 个两数之和小于 100 的加法练习题。

若要解决以上问题，你知道需要做哪些知识准备吗？我们一起浏览一下本单元要学习的知识结构。（见图 2-10-1）

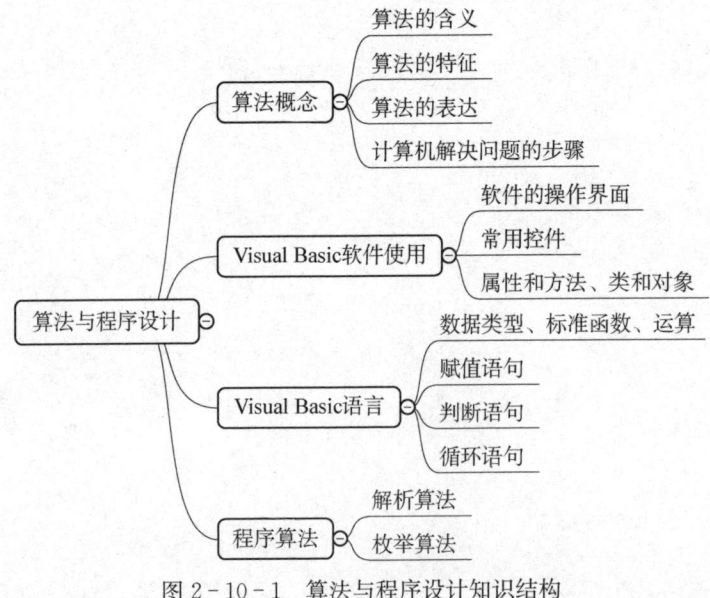

图 2-10-1 算法与程序设计知识结构

本单元是高中信息技术程序设计的起始内容。初中信息技术程序设计部分是本节课的前备知识。本单元将重新学习 VB 程序基础，而后将继续学习：冒泡排序算法、选择排序算法、对分查找等算法。新学的 VB 程序知识无论是在知识理解、学习方法和思维方式上都与其他科目有很大差异，我们需要站在计算机思维的角度学习和理解程序的设计。前面的"挑战题"能够帮助你了解本单元学习的意义。学习过程上的设计坚持以学生为读者的立场，以"学会"为逻辑起点，确立学习目标，设计用于检测学习目标达成的评价任务，围绕每一条学习目标，精心设计问题串，启发思考，引领学生探究知识背后的故事，使得知其然并知其所以然。

二、你需要学什么

表 2-10-1　算法与程序设计的学习内容

大任务	课时内容	指向学科核心素养	课时
以"你愿意接受挑战吗？"提供的情境为背景，利用 VB 程序语言选择合适的算法，设计一个加法生成器软件（能够根据输入的题数，自动生成 100 以内的加法算术题）	单元导学	—	1
	算法的概念	计算思维	1
	编程工具、计算机语言语句结构	计算思维、数字化学习与创新	6
	解析算法与枚举算法	计算思维、数字化学习与创新	2
	单元小结与拓展学习	计算思维、数字化学习与创新	1

三、你将学会什么

1. 经历用自然语言、流程图等方法描述算法的过程，会根据实际选择不同的方法描述算法。

2. 经历分析问题、确定界面控件、设计程序外观、添加程序语言、调试运行程序的过程，掌握 VB 编程软件的一般方法，发展数字化学习与创新素养。

3. 经历分析问题、确定算法、编程求解等用计算机解决实际问题的基本过程，会根据问题选择合适的程序语句，并利用程序语言解决问题，发展计算思维素养。

4. 在掌握 VB 语句结构应用的基础上，经历分析问题、明确代码功能，尝试补充填写代码，会根据实际问题构建解决该问题的算法框架，并利用程序语言进行实现,发展计算思维素养。

四、给你支招

1. 本单元是后续算法学习的基础,可以通过单元大任务来引领学习,也可以通过单元大任务来检测学生是否学会了本单元的内容。

2. 本单元的学习路径为:算法概念表达→VB编程环境了解→VB基础语句学习→编程解决实际问题。判断是否学会的依据是能否熟练运用所学知识,解决单元大任务及单元作业与检测中的问题。

3. 本单元的重点是算法概念表达,VB语句的结构与使用;难点是算法和VB语句、VB枚举算法的实际应用。

4. 本单元是高中信息技术课程的重点,也是学考、选考的重点,参考资料、习题比较丰富,许多网站上有关于VB程序的课例视频以及教辅资料上的一些经典题型都可以参考学习。

学习进程

第一课时:单元导学

【学习目标】

1. 通过实例认识了解算法的概念,体会其普遍性和重要性。

2. 通过实例理解利用计算机解决问题的流程与方法,明确利用计算机处理问题的优势。

3. 结合实例了解本单元的知识体系、学习方法和注意事项。

【评价任务】

1. 完成任务一中的思考1-2。(检测目标1)

2. 完成任务二中的练习2-5,2-6。(检测目标2)

3. 完成任务三中的思考3-1,任务四中的思考4-1。(检测目标3)

【学习过程】

任务一：通过活动了解不同的算法对提高运算效率的意义。(指向目标1)

活动：全班同学各自坐在座位上，一个接一个地依次报数，从1开始，每人报一个数，凡是遇到7的倍数就要喊"过"并起立，直到班里最后一位同学报完为止。

思考1-1：通过这样的活动找出喊"过"的同学，你觉得效率如何？

思考1-2：要找到7的倍数的同学，有没有别的方法可以有效提高速度？(检测目标1)

提示：上面采用了数数的方法找人，"数数"是一种具体的方法，在计算机学科中称"算法"。题目问你"有没有别的方法"，在计算机学科中就是"有没有别的算法"。我们能否寻找一种新"算法"比"数数"的速度更快。如果你学了本单元，你就能迅速找到好的"算法"。

任务二：利用计算机来解决问题，理解计算机程序设计的流程与方法。(指向目标2)

思考2-1 在前面的活动中，若要找出所有喊"过"的人，即数到7的倍数的人要站起来，你认为每个人数数时脑子里在想什么？这样的活动理论上讲会不会进行一段时间后自动停止？

思考2-2：若要使数数活动在全班人都报完数后停止(假定班级为32人)，你有何办法？请尝试用自己的话将其描述出来。

提示：计算机语言中有一种功能叫"条件判断"，还有一种功能叫"计数"，即程序每运行一次，就在原来的数据基础上加上1(当然也可以加其它的数)。如果前面的同学报的数比32小，那么后面的同学还要继续报，否则就终止。这也是本单元要学的内容。

思考2-3：联系思考2-2的内容，观察图2-10-2所示的流程图，每一个条件判断框中的条件是什么？尝试将其补充完整。

提示：设计算法是程序设计的核心。表示一个算法，可以用不同的方法。其中以特定的图形符号加上说明(菱形框表示判断)表示算法的图，称为算法流程图(见图2-10-2)。一般在设计计算机程序前都会绘制流程

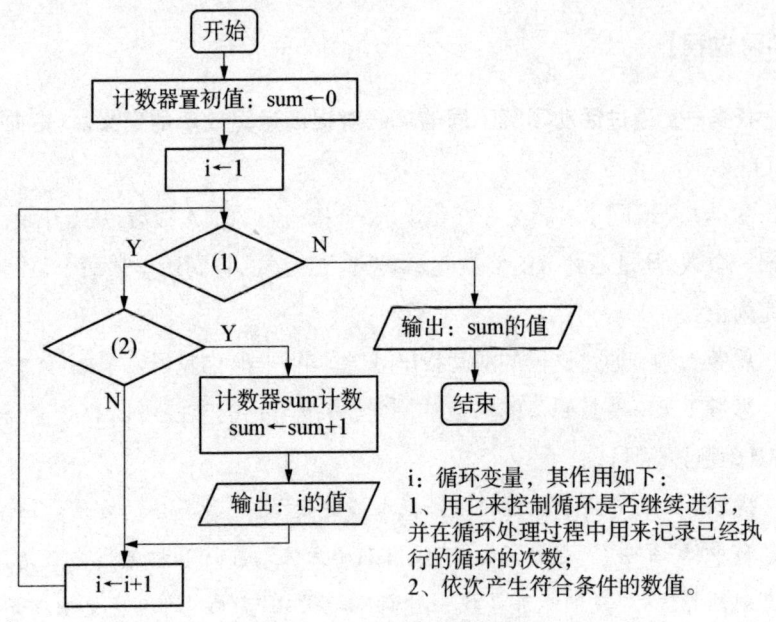

```
            开始
             ↓
    计数器置初值: sum←0
             ↓
           i←1
             ↓
    ┌──── (1) ────N────→ 输出: sum的值
    Y                         ↓
    ↓                        结束
   (2) ──Y──→ 计数器sum计数
    │          sum←sum+1
    N              ↓
    │         输出: i的值
    │              ↓
    └──── i←i+1 ←──┘
```

i: 循环变量，其作用如下：
1、用它来控制循环是否继续进行，并在循环处理过程中用来记录已经执行的循环的次数；
2、依次产生符合条件的数值。

图 2-10-2 算法流程图

图，以便程序算法的设计和优化。(1)处的菱形框用于判断程序是否需要结束；(2)处的菱形框用于判断是否需要计数和输出 i。

思考 2-4：联系图 2-10-2，观察图 2-10-3，每条语句对应流程图的哪一部分？尝试描述出每条语句的功能。

```
Private Sub Command1_Click()
Dim i ,sum As Integer
sum = 0
For i =1 to 32
    If i Mod 7 = 0 Then
        sum = sum + 1
        List1.AddItem str(i)
    End If
Next i
List1.AddItem("共计" + str(sum)+"个")
End Sub
```

图 2-10-3 活动的程序代码

提示：程序语言是计算机能够接受和处理的、具有一定语法规则的语言，是我们借助计算机处理问题的重要工具。其中For……Next表示循环，i为循环变量，If……End If表示判断。

思考2-5：联系思考1-2，本段程序还可以作何改进，以提高运算效率？（检测目标2）

思考2-6：请根据任务二的整个过程，总结利用计算机处理问题的一般流程。（检测目标2）

任务三：了解本单元的知识框架和学习方法。（指向目标3）

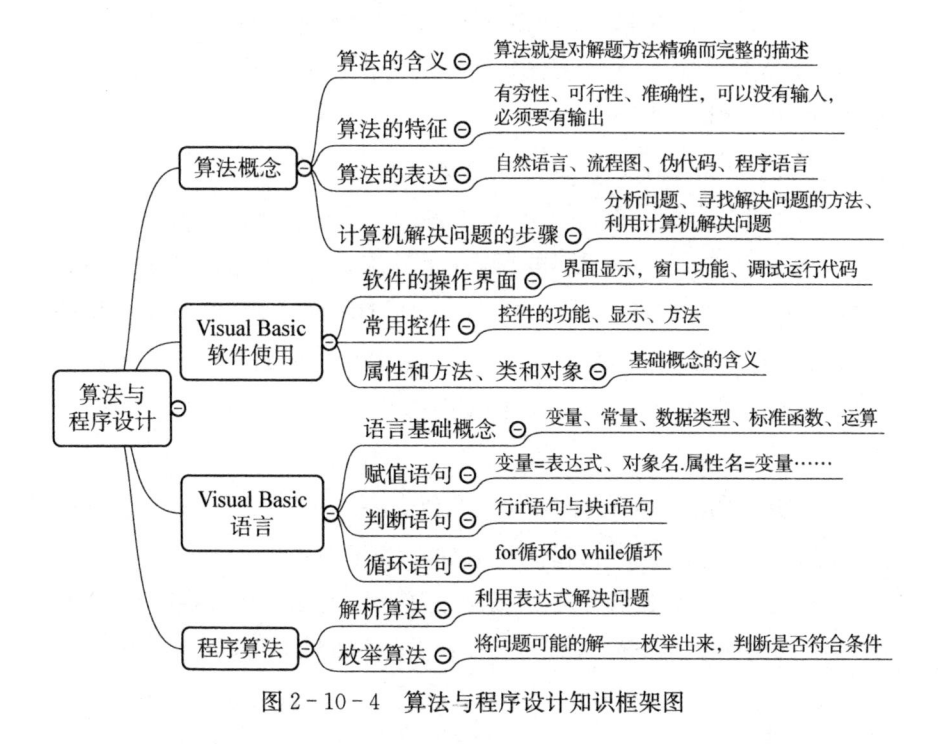

```
算法与程序设计
├── 算法概念
│   ├── 算法的含义 —— 算法就是对解题方法精确而完整的描述
│   ├── 算法的特征 —— 有穷性、可行性、准确性，可以没有输入，必须要有输出
│   ├── 算法的表达 —— 自然语言、流程图、伪代码、程序语言
│   └── 计算机解决问题的步骤 —— 分析问题、寻找解决问题的方法、利用计算机解决问题
├── Visual Basic 软件使用
│   ├── 软件的操作界面 —— 界面显示，窗口功能、调试运行代码
│   ├── 常用控件 —— 控件的功能、显示、方法
│   └── 属性和方法、类和对象 —— 基础概念的含义
├── Visual Basic 语言
│   ├── 语言基础概念 —— 变量、常量、数据类型、标准函数、运算
│   ├── 赋值语句 —— 变量=表达式、对象名.属性名=变量……
│   ├── 判断语句 —— 行if语句与块if语句
│   └── 循环语句 —— for循环do while循环
└── 程序算法
    ├── 解析算法 —— 利用表达式解决问题
    └── 枚举算法 —— 将问题可能的解一一枚举出来，判断是否符合条件
```

图2-10-4 算法与程序设计知识框架图

1. **知识框架**：**提示**："算法与程序设计"是高中信息技术选考的主干知识，也是进一步学习程序算法与数据结构的基础，其观点、知识、思想方法贯穿于高中信息技术程序设计的全过程。

研究算法与程序设计的意义：利用计算机强大的运算能力解决问题。

2. 单元大任务：

学完本单元知识后，大家要去做一件事：完成"单元概览"中表格

2-10-1的"大任务"。

思考3-1：你是否明确本单元要学习的内容？请画出本单元的知识图谱。（检测目标3）。

任务四：了解本单元的学习方法。（指向目标2）

1. 学习方法：遵循整体→局部→整体的路径，先通过使用流程图去表达某个实际问题的算法，在心中对计算机解决问题的步骤有大致的了解。然后通过对计算机编程语言的具体学习，将流程图中涉及到的一些函数语句全部转为计算机语言，你可以先尝试通读一下VB语言的基础知识、常用语句和标准函数（它们相当于一本汉语成语词典），便于你绘制流程图后选择合适的函数和语句去将流程图转换为程序语言（相当于将成语用到文章中去）。如果你觉得了解得差不多了，你可以尝试设计计算机程序去解决一些案例中的问题，这样可以进一步帮你熟悉语句和函数的使用。在设计程序时，最好利用计算机的运算速度快、准确性高等特点，大胆尝试，突破固定思维的界限。最后可以尝试将解决某类问题的语句结构进行总结和优化，形成具有特定功能的特有算法，也可以通过已有程序算法的学习，快速解决排序、查找等问题。在总结或学习算法时，算法结构中的每一条语句、每一变量都应明确其功能，便于应用和优化算法。

2. 注意事项：

（1）要重视概念的理解。理解一个概念要做到"三会"：会表述、会举例、会判断。概念需要记忆，并能用自己的语言来表述。

（2）要养成良好的编程习惯。在编程的学习中，刚开始就要养成良好的习惯，因为良好的编程习惯可以帮助我们更快地发现问题，提高效率。

（3）注重团队合作与学习。在IT行业中，孤军奋战是很难完成任务的，编程学习要多和同学交流，拓展思路，博采众长，拓展知识面，优化设计程序。

（4）多参与完整的项目实践。项目实践不仅是对我们所学编程知识的检验，也是对我们发现问题、解决问题能力的培养，有助于我们提高实践能力，丰富编程经验。

思考4-1：你是否已经清楚学习本单元的将用到哪些方法，注意事项是什么？（检测目标3）

任务五：对本节课的内容进行小结与反思。

1. 通过本节课的学习，你对算法和程序设计的意义有何新的认识？

2. 通过本节课的学习，你觉得对如何学好算法和程序设计有何启发？请举例说明。

第 2 课时　算法的概念与表达（略）

第 3 课时　VB 软件的使用（略）

第 4 课时　VB 程序基础知识（略）

第 5 课时　赋值语句学习与应用（略）

第 6 课时　if 语句学习与应用（略）

第 7 课时　For 循环语句学习与应用（略）

第 8 课时　Do While 循环语句学习与应用（略）

第 9 课时　解析算法原理与应用（略）

第 10 课时　枚举算法原理与应用（略）

第 11 课时　单元小结与拓展学习（略）

作业与检测示例：

《孙子算经》中提出"物不知其数"的问题，此数以 3 除余 2，以 5 除余 3，以 7 除余 2。现要设计一程序，在 Text1 中输入范围，单击按钮，在 list1 中输出满足该问题条件的自然数，在 label1 中显示其个数。程序运行界面如图 2-10-5 所示。

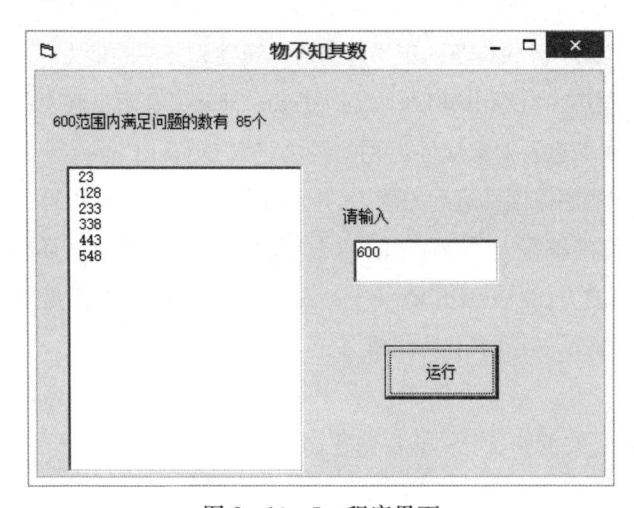

图 2-10-5　程序界面

(1) 程序中共有_____类对象。若要更改其显示内容,可以更改其_____属性。

(2) 实现上述功能的 VB 程序如下,请在划线处填入合适的代码。

```
Private Sub Cmd1_Click()
k=0
        ①
    _____
n=9
Do While n<=Max
    If n Mod 3=2 And n Mod 5=3 Then
        List1.AddItem Str(n)
    End If
        ②
    _____
    k=k+1
Loop
Label1.Caption=Str(Max) & "范围内满足问题的数有" & Str(k) & "个"
End Sub
```

(3) 运行时发现,此程序在输出满足条件的数据和个数时不符,请找出问题所在,并提供解决方法。

评价说明:

第(1)题第一空答出"5"说明初步的掌握了类和对象的知识;第二空答出"Caption"说明已经具备初步的运用对象属性和方法的能力。

第(2)题第一空答出"Max=Val(Text1.text)"说明已经掌握 VB 赋值语句、标准函数以及对象属性运用的能力;第二空答出"n=n+7"说明已经掌握枚举算法的原理和运动的能力,并且具备一定的"计算思维"。

第(3)题能够答出"问题在 k=k+1"说明已经具备了循环语句嵌套 if 语句的阅读能力;能够答出"k=k+1 应放在 if 语句中,在满足条件时才执行。"说明具备了一定的"计算思维"。

设计者: 沈梦佳、钱冬明、俞俊莲、翁云雷

后记

掩卷回眸，感慨良多。

2017年9月，因工作需要我来到了嘉兴一中，能够来到这所浙江省首批办好的十八所重点中学之一的百年名校工作是一种荣幸，也是一种缘分。作为学校新的掌舵人，肩负着责任和使命，如何谱写承上启下、继往开来的新篇章？如何为嘉兴一中这艘巨轮把准航向、增能提速？如何找到学校和谐发展、作育英才的第二生长曲线？我沉思着……

嘉兴一中创办于1902年，前身为嘉兴府学堂，曾被命名为浙江省立第二中学。学校历史悠久，人才辈出，名师云集，文化底蕴深厚。曾经培养出屠守锷等12名院士，茅盾、郁达夫、金庸等文学巨擘。然而，过去优秀不代表未来依然优秀，随着核心素养时代到来，面对新课标、新教材、新教学，没有一所学校能够躲在象牙塔里避开这场教育大变革、大挑战，唯有逆行而上、主动转身，才能抢占教育新高地。这需要掌舵人审时度势，给学校正确定位，指引前路。

2018年，我与我的管理团队与时俱进，确定了学生的培养目标——培养有教养、有责任、有担当、有后劲的现代公民；确立了学校的办学目标——高品位、有特色、能示范的学术性高中。大力度推进学术性高中创建三年行动计划，着力把嘉兴一中打造成"三地"（学术领地、专业高地、成长圣地）名校。新远景需要新抓手，我们牢记立德树人之初心，聚焦核心素养新目标，抓住课堂教学主阵地，以科研为依托，引领教师从对教学内容的关注转向对学习结果的关注，从对讲解、练习、分数的关注转向"关键能力""必备品格""价值观念"的核心素养三要素的关注。

很有幸，2018年春我们与崔允漷教授研究并倡导的大单元设计有了第一次难忘的相遇，并由此开启了我们指向学科核心素养的单元学历案研究征程。四年，弹指一挥间，老师们与单元学历案为伴，从理念认同，观念转变，框架探索，技术攻关，经历了多少个夏日寒夜，走过了多少迷茫挣扎，如今，这场坚守与跋涉终于结出了令人欣喜的成果！我们走出了一条中国基础教育界期盼的、能使学科核心素养落地的专业路径——大单元学历案的设计与教学。"单元学历案"是对"课时学历案"破茧成蝶般的超越。有了它，学生的学习不再是"只见树木，不见森林"，而是"既见树木，又见森林"；有了它，知识学习不再是碎片化，而是整体化、结构化；有了它，学习的结果不再只是知识技能，而是学科核心素养。我们一直苦苦追求的灵动、高效的课堂，在嘉兴一中单元学历案的教学中已经不再是奢望，而是真实的常态化的场景，看到这样的场景，老师们深情地感慨：真教育"回家了"！

四年的求索，一路风景，一路故事，此时想起依然历历在目⋯⋯

难忘崔允漷教授及其团队的倾囊相授。四年里，崔教授及其团队每年数次的现场授课和精彩点评，点亮了老师们前进道路上的灯塔；更多的时候是线上指导，崔教授及时地将他的最新研究成果与我们分享，在线讨论、解答老师们遇到的问题。崔教授与我合作在中国教育报上发表论文；在我们申报单元学历案省级课题的关键时刻，崔教授、雷浩博士亲自指导我们修改课题方案，使得我们申报的两项省级课题全部成功立项。当我们在单元学历案学理研究上遇到瓶颈时，崔教授、雷浩博士、王少非教授、王冰如主任指点迷津、明晰概念，并提出研究论文修改建议。语文组设计的单元学历案选择了"《红楼梦》整本书阅读"这个主题（9课时），这是新教材中对应"整本书阅读与研讨"学习任务群的全新单元，又是一个需要课内、课外混合学习的单元，究竟应该如何设计？课题组的方案被连续否定了多次，语文特级教师蒋雅云老师在线上与崔教授对话了一天，终于创生了新的设计思路，成功突破了传统教学思路的桎梏。大专家与一线教师围绕一个教学方案而大费周章地讨论一天，这种谦和平易的态度令人如沐春风，这种严谨治学的作风令人肃然起敬。可以这么说，没有崔教授及其团队高屋建瓴又下接地气的专业引领和悉心指导，就没有我们如此丰硕的研究成果。

难忘嘉兴一中教师的全身心投入。学校在刚开始进行大单元设计、单元学历案培训时，就得到了一大批教学骨干的拥护，在新课标、新教材、新高考的"三新"形势下，他们迎接挑战，敢于否定，勇于探索，不畏艰难，积极投身于单元学历案研究,探索"新教学"。语、数、英、理、化、生、政、史、地、信息技术、通用技术,11门学科,11个研究小组,围绕单元学历案中的学习目标、评价任务、学习过程、学后反思等设计的关键技术,一项一项地攻关,一个一个地解决。为了设计一个单元的学习目标,老师们常常要与专家对话多次,甚至修改5次以上才定稿。2020年春季,受新冠疫情影响学校无法正常开学,然而课题组成员研究不停、笔耕不停,在线讨论如火如荼,各组都按时完成了研究与设计任务。四年里,各学科相继开出了上百节公开课,研究骨干作了数十场经验分享报告,发表了10多篇论文,学校连续三年举办了三届"学术节"推动和展示单元学历案研究,2019年成功举办了"第三届全国高中学历案联盟校高峰论坛——学科核心素养与单元设计",引领慕名而来的全国各地的兄弟学校开展相关研究。所有参与课题研究的老师最有共鸣的一句话是:"参与这样的研究,知道了许多,学到了许多,让我有机会站到了新课标新教材新教学的最前沿。"

难忘单元学历案给教师带来的变化。教师是学校发展的关键要素。单元学历案的研究让老师们对学习目标有了新认识,深刻理解了目标的意义,掌握了目标的撰写技术;对学习过程有了新感悟,深切体悟了"教过"不等于"学会",从而改变了教学行为,不再以"教"来替代学生"学";对学习结果有了新思考,实现了从"知识"向"素养"的转向,学会了深度学习策略的设计;对教学科研有了新自觉,明晰了科研的价值取向,尝试着讲好自己的教学故事。总的来说,单元学历案的研究,激发了广大教师对学术的兴趣与追求,工作科研化、科研工作化的氛围正在形成,嘉兴一中的老师正在努力让想得到的教育变成看得见的风景。

一个人,一辈子,一件事。我一出大学校门就一脚踏进了教育之门,40年的教育生涯,22年的浙江省一级重点高中校长经历,我一直在观教育、思教育、做教育,经常被分数和升学率所困扰,深感做教育的不易,当高中校长的艰难。尽管如此,我依然不敢苟同"苦教苦学"之类的"成功经验"!"找到一种教育方法,使教师因此可以少教,但是学生多学;使学校因此可以少些喧嚣、厌恶和无益的劳苦,独具闲暇、快乐及坚实的进步。"夸美纽斯的这段话不时地在我的耳畔响起,催我思考、探索、行动……

正值我准备收笔之时,突然传来了运算速度世界第一的"九章"中国量子计算机成功问世的喜讯,它的出现将为人类社会带来颠覆性的改变。"量子计算＋人工智能＋基因科学"将成为人类自身的替代,它对人类社会的冲击之大将前所未有。在越来越多的领域,人工智能正在快速超越人类,这就意味着大批的翻译、记者、收银员、助理、保安、司机、交易员、客服……都可能在不远的将来,失去自己原来的工作。

未来已来!今天,我们再次抵达了命运之门!科技发展滔滔滚滚,我们改变不了科技的进程,但是,我们可以改变自己,改变我们下一代的知识结构和核心素养,这正是我们教育人面朝的方向和肩负的使命!

卢　明

2021年2月